진주혼 기념문집

아내의 독후감

– 저자 윤석영 –

아름답고 아픈
30년을 함께 한 남편에게
이 책을 바칩니다.

들어가며

신혼 초 저희 부부가 잘 알고 지내던 분과 10여년 만에 전화통화를 하게 되었습니다. 저와 수화기를 맞댄 그 분의 첫 마디는, “그런데 아직도 같이 사세요?”였습니다. 저희 부부 주변에는 이혼한 부부가 많습니다. 사실 저도 “어쩌다 보니 30년을 살았네”라고 밖에는 표현 할 수 없는 세월이었습니다.

남자는 대학에서 저와 같은 전공을 했고, 저와 같은 회사를 다녔습니다. 저처럼 학문에 대한 갈증 역시 여전히 간직하고 있었습니다. 제가 갖지 못한 인간에 대한 다정함도 갖추고 있었습니다.

대학에서 신문기자를 하며 개인의 출세보다 사회정의에 눈을 떴고, 선주였던 아버지 밑에서 일하던 선원들을 보며 계층 간 모순을 생각하게 되었다고 했습니다. 청소년기부터 가족과 떨어져 오랜 객지 생활을 했음에도, 자기관리 능력도 있어 보였습니다.

저와 열렬히 사랑 했고, 저를 존중하며, 저와 소통하며, 부모가 되고, 서로의 집안에 새로운 가족이 되리라 생각했습니다.

그러나 결혼 전 남자가 제게 보여준 모습은 사회인으로서 밖에서 보여주는 모습이었습니다.

평생 사회 과학을 공부하며 자칭 좌파라고 했지만, 부부와 가족관계에 있어서는 아주 가부장적이었습니다. 정치 · 사회적 의식과 남녀평등에 대한 생각이 균형을 이루지 못한 전형이었습니다. 가정에서는 우리 부모세대의 생각과 생활방식을 그대로 답습하며 편안함과 권위를 인정받으려 했습니다. 가족과 함께 생활해보지 못한 경험부족 때문인지, 가족을 함께 만들어가야 할 저에게도 매번 이기심을 보였습니다. 타인과 사회에 대한 이상만 가득 찬 채, 저와 실생활을 어떻게 논의해야 하는지도 관심이 없었습니다.

11년이 넘는 남편의 해외 유학, 가족 간의 이별, 잦은 이사 그리고 오랜 경제적 어려움이 저희 부부의 결혼 30년이었습니다. 남편은 시댁에 경제적으로 의존한 채 유학을 했다는 죄책감과 바쁜 직장 생활을 한다는 이유로 제가 아내, 며느리, 엄마의 역할을 하는 동안 제 말에 귀를 닫았습니다. 그리고 자식들을 핑계로 자신을 돌보지 않는다고 늘 불평했습니다. 정작 아이들이 성인이 되고 일도 그만 둔 채 남편 곁에 있기 시작했을 때는 "논다"고 저를 폄하했습니다.

부부간 불화가 생길 때 마다, 남편은 결혼이 인간의 본성을 거스르는 제도라 했습니다. 그리고 이 제도는 차츰 없어질 거라고도 했습니다. 그러면서도 결혼 안한 사람들을 보면, 완벽한 성인으로서 뭔가 부족한 사람이라 생각했습니다. 이제 남편은 성인이 된 자식들에게도 독립이라는 명목 하에 결혼을 이야기하고 있습니다. 그러나 결혼 생활을 어떻게 해야 하는지 자식들에게 모범을 보이거나 조언을 하지도 못합니다.

결혼을 하는 이유는 사회적 성공을 위해서가 아니라 사랑하는 사람과의 일상이 주는 기쁨 때문일 것입니다. 결혼의 기본은 당연히 남녀 간 신의입니다. 이를 바탕으로 살아가는 동안 배우자와 배우자의 가족으로부터 존중과 배려가 있어야 합니다. 결혼 생활에는 당연히 희생도 따릅니다. 그러나 결혼을 했다는 이유로 배우자나 그의 가족에게 무시를 받는다면, 그 누구도 결혼을 통한 가족제도를 지속하려하지 않을 것입니다. 저 역시 아내가 되었다는 이유로 가족 내 부조리한 것들을 참고 묵인하며 사는 게 쉽지만은 않았습니다. 저는 넷째 며느리입니다. 그래서 남편이나 시댁과의 문제들이 저에게만 해당되는 일인지도 늘 궁금했습니다. 남편은 "눈만 뜨면 씹는다"고 불평을 합니다. 서로 다름을 이야기하고 타협하려했던 저의 노력이 남편에게는 비난으로만 받아들여지나 봅니다. 오랜 세월만큼 쌓인 원망도 이제는 큰 것 같습니다.

삶이 힘들 때 마다 저는 글속에서 위안을 얻고, 늘 그 안에서 답을 찾으려 했습니다. 가정주부이자 사회생활 반경이 좁은 저에게 책만큼 좋은 조언자는 없었습니다. 남편은 "책만 읽고 있으면 뭐하냐"는 핀잔을 했습니다. 경제적 활동으로 연결하지 못하고 혼자 즐기는 책읽기를 탓한 거지요. 그러나 삶의 단면들을 날카롭게 그려낸 작품들을 읽으며, 제가 남다른 삶을 살고 있지 않으니 잘 헤쳐 나가야겠다고 결심하곤 했습니다.

요즘 우리 부부는 지나간 시간들을 많이 뒤돌아봅니다. 앞으로 더 행복하고 싶기 때문입니다. 힘든 30년 세월이었지만, 저는 그 시간이 남편을 이해하려고 애썼던 시간이자 저 자신을 알아 가는 시간이었다고 생각합니다. 겉으로 보이는 것과 달리 남편은 저에게 평생 불완전한 인간의 모습을 보여주었습니다. 결혼은 그 누구보다 자신을 더 정확히 파악하는 상대를 만나는 일인 것 같습니다.

30년 동안의 결혼 생활을 책으로 엮는데 부담감도 있었습니다. 그 동안 부부로 살아온 태도가 부끄럽고 창피하다는 생각도 들었습니다. 우리 가족의 치부를 드러내는 일이기도 했고, 남편은 여전히 완벽한 사람으로 보이며 사회생활도 해야 했습니다. 그러나 결혼 생활을 뒤돌아보는 것이 저희 부부 뿐아니라 자식들에게도 교훈이 될 수 있다는 점에서 남편은 반대하지 않았습니다. 저 역시 엄마, 아빠도 정말 사랑하는 연인 사이였다는 것, 결혼에 따르는 책임을 다하기 위해서 희생도 해야 한다는 것 그리고 좋은 부부란 서로에게 배우며 성숙해져야한다는 것을 알려주고 싶었습니다.

고통 속에서 진주알이 만들어지듯 삶이 힘들 때면 그 모든 것이 자신이 선택한 업보라 생각하며 묵묵히 감내해온 남편이 아니었다면, 진주혼식은 이루어질 수 없었을 것입니다. 30년을 함께 사는 동안 가장으로서 의무를 한시도 잊지 않았던 남편에게 깊은 고마움을 전합니다. 한시도 사랑하지 않은 적이 없었다는 말도 전합니다.

결혼 후 제가 그 어떤 일보다 책임감을 느끼며 오랜 기간 해온 일이라면 두 아이를 키우는 일이었습니다. 인간의 무한한 가능성을 보게 해준 두 아이들에게 사랑을 전합니다.

30년 전 우리 부부의 결혼을 축하해 주셨던 분들, 결혼하며 사는 동안 인연을 맺었던 분들 그리고 우리 부부가 어려울 때마다 물심양면으로 힘이 되었던 친정과 시댁 식구들에게도 이 책을 빌려 감사를 전합니다.

끝으로 보잘 것 없는 저의 첫 책 출판을 지원해주고 용기를 주신 김원익 소장님 그리고 출판사 편집부와 이윤구 대표님께 감사하다는 말씀을 드립니다.

목차

들어가며 • 4

1. 떼기 수 결혼하다 • 11

2. 음식남녀 • 15

3. 이보다 더 좋을 수는 없다 • 21

4. 도도한 생활 • 27

5. 마르셀의 추억 • 31

6. 솔로몬과 개너 • 34

7. 향 수 • 40

8. 지금은 통화 중 • 46

9. 흐르는 강물처럼 • 52

10. 아들과 연인 • 58

11. 폭 로 • 66

12. 내 남편의 이중생활 • 71

13. 사랑은 비를 타고 • 76

14. 사랑의 레시피 • 82

15. 아메리칸 퀼트 • 85

16. 시네마 천국 • 91

17. 앵무새 죽이기 • 95

18. 마천루 • 104

19. 위대한 유산 • 115

20. 프라이드 그린 토마토 • 123

21. 아무르 • 129

22. 서쪽의 마녀가 죽었다. • 134

23. 디어 마이 프렌즈 • 137

24. 중앙역 • 140

25. 레볼루셔너리 로드 • 145

26. 토스트 • 157

27. 45년 후 • 161

28. 폭풍의 언덕 • 190

29. 해피 해피 브레드 • 196

30. 황금시대 • 201

1. 폐기 수 결혼하다

남편이 처음으로 친정집에 인사오던 날이 생각난다. 고속버스 정류장에 도착했다는 전화를 받고 마중 나갔을 때, 남편은 함박웃음을 지으며 걸어오고 있었다. 가는 줄무늬가 있는 진남색 양복에 붉은 넥타이를 맨 남편은 왼손가득 선물꾸러미를 들고 오른손엔 꽃다발을 한 아름 안고 있었다. 키 큰 남편이 겅중겅중 걸어올 때마다, 꽃다발 속 주홍빛 기다란 글라디올러스가 흔들흔들 춤을 췄다.

남편은 쉴러(Friedrich von Schiller)의 시 '바다로 뛰어드는 젊은이(Der Taucher)'를 건네며 청혼을 했다. 온 종일 기계식 타자기를 앞에 두고 독수리 타법으로 시를 옮긴 듯 했다. 독일어 원문과 한글 번역본에는 흰색 수정 액이 군데군데 발려있었다. 죽음도 불사하겠다는 시 내용만큼이나 남편은 열정적이고 로맨틱한 문학청년이었다. 그러나 30년이 지난 지금 남편은 바다로 뛰어 들기는커녕, 자기가 마실 물도 직접 따라 마시지 않는 사람이 되었다.

엘피(LP)판 '사랑의 묘약(L'elisir d'amore)'을 선물하며, 음악을 들으며 잠들고 음악소리에 잠깨도록 해주겠다던 클래식 애호가 남편이었다. 그러나 결혼 후 나는 점점 더 심해지는 남편의 코고는 소리를 아침저녁으로 들을 뿐이다. 매일 아침 남편은 확인까지 한다. "나 어젯밤에 코 많이 골던가?" 그렇다고 대답이라도 하면, "어떻게?"하고 또 묻는다. 나는 있는 힘껏 숨을 빨아들였다가 내뱉으며 후두를 긁어 흉내를 내보인다. 남편은 매번 "정말?"이라고 되물으며, 처음 있는 일인 듯 놀란다.

연애시절 남편은 내가 말하는 입만 봐도 귀엽다며 뽀뽀를 했다. "나는 Kopie(독일어 : 복사)만 해"하면서 내가 하는 말이나 행동을 신기한 듯 그대로 따라했다. 그러나 이제 남편은 내 말을 귓등으로 듣는다. 수없이 반복한 말도 남편은 기억하지 못한다. 그야 말로 요즘 우리 부부의 화두는 "개 무시"가 되었다.

"서양 사람들은 하루에 세 번 이상 씩 사랑한다는 말을 안 하면 이혼한대." 이런 말을 하며 하루에도 서 너 번 씩 사랑한다고 속삭이던 남편이었다. 그러나 10여 년 전부터 남편은 '동양사람'이 되었다. 사랑한다는 말은 이제 어떤 외국어보다 더 발음하기 힘든 말이 되었다. 그즈음부터 남편은 장미꽃도 사오지 않는다. 그 대신 자신의 기분이 좋을 땐 치킨을 사들고 온다. 그리고 가끔 가을이면 가장 예쁜 낙엽 이라고 아파트 단지 내 낙엽을 주워다 준다. 항상 끼고 다니던 결혼반지도 몇 년 전부터 손가락에서 종적을 감추었다. 출퇴근길의 입맞춤과 식탁 밑에서 나에게 강제로 당하는 다리들끼리의 부비부비 그리고 언제나 꼭 잡고 다니는 손이 아직 남아있는 애정표현의 전부이다.

결혼식후 우리부부는 보름 만에 헤어졌다. 결혼의 장점이 안정감이라는 말과 달리, 우리부부는 이별과 만남을 반복했다. 애틋함만큼이나 어려운 현실 앞에서 싸움도 치열했다. 소심한 B형 남자라는 말이 편견이 아닌 듯, 싸운 후 입을 닫는 쪽은 점차 남편이 되었다. 30년 내내 주거 역시 불안정했다. 유목민처럼 우리는 전셋집을 옮겨 다니며 살았다. 삶이 쌓여가는 것이 아니라 순간순간 때우는 것처럼 느껴졌다.

결혼 후 남편은 매번 새로운 일에 도전하며 최선을 다하는 모습을 보였다. 그러나 나에게 남편은 점차 자신이 원하는 삶의 방향도 자신이 만든 가정도 잊은 사람처럼 보였다. 늘 강박 증세에 시달리며 타인의 시선과 타인의 인정에 목매는 사람이 되어갔다.

나 역시 아이들을 위해 최선을 다했지만 아이들은 내 노력의 결과물이 되지는 않았다. 가정을 최우선으로 생각하며 내 삶을 양보해온 모습이 결국 남편에게는 나의 사회적 무능으로 보인다는 것을 알았다.

남편과 나는 각자가 서로 열심히 살았다고 자부했지만 정작 우리 둘은 행복하지 않았다. 부부인 우리 두 사람은 서로를 돌보지 않았고, 오래 행복하기 위해 어떻게 해야 하는지 생각해보지 않았다. 남편은 갈등을 해결하기보다 회피하였고, 나는 말해도 변하지 않는 남편에게 지쳐 말조차 하지 않게 되었다.

이제 내가 화를 내면 남편은 비웃음을 날리게 되었다. 나의 고통은 냉대로 응대하고, 지극한 위로는 남에게나 하는 것이 되었다. 그나마 잘하는 "고맙다"는 남편의 말은 내가 차려준 음식 앞에서나 하는 표현이 되었다.

남편은 자식들에게 늘 "네 엄마가 먼저 날 꼬셨다"라고 말했다. 그러나 자기 선배 그리고 자기 형을 소개시켜주겠다며, 나에게 접근한 것은 남편이었다. 직장을 옮긴 나를 찾아온 것도 남편이었다. 이제 남편은 자신의 사랑이 어떻게 시작됐는지 조차 왜곡하고 있다.

나보다 네 살이나 많았고 어른스럽게만 보였던 남편이 나의 평생 심리적 기둥이 되리라 생각했다. 그러나 왜 이렇게 변했을까? 남편은 나를 무시해서가 아니라 "마음의 여유가 없어서"라고 한다. 그러나 남편은 유독 나에게만 마음의 여유가 없다. 결혼생활이 서로를 더 잘 이해하며 완벽한 일심동체가 되어가는 과정이 아니었을까? 우리는 두 마음 사이에 벽돌을 한 장씩 쌓아

올리며 살아온 걸까? 언쟁이 치열한 날에는 그 벽돌 틈 사이에 시멘트까지 쑤셔 넣어 고착시키는 듯 한 단절감을 느낀다. 나이 들어 서로에게 빈정대며 눈 흘기는 노부부가 되는 건 아닐까? 자식들의 독립, 남편의 은퇴, 우리부부의 건강악화 그리고 죽음이 기다릴 앞으로의 30년을 지금 같은 마음으로 계속 살아낼 수 있을까? 아니 앞으로 30년을 함께 살수는 있을까? 죽음이 갈라놓기 전에 졸혼 이나 황혼 이혼을 염두에 두어야 할까?

한때 '리마인드 웨딩(remind wedding)'이 유행했다. 나는 농담처럼 같은 남자와는 두 번 결혼하지 않겠다고 했다. 대신 나는 '리마인드 라이팅(remind writing)'을 해보기로 했다. 30년을 함께 살면서 우리 부부가 얼마나 소중한 순간들을 놓쳤는지 돌아보고 싶었다.

이 글을 쓰고 나면 나도 페기처럼 새롭게 남편을 바라볼 수 있을까? 황금잔을 찾아 바다로 뛰어들던 젊은이는 공주를 아내로 맞기 위해 또 바다로 뛰어들까?

1) 캐서린 터너와 니콜라스 케이지 주연의 1986년 영화. 고교동창인 남편과의 결혼 생활이 불행한 페기. 25년전 그 시절로 돌아간다면 과연 지금의 남편을 다시 선택할까?

2. 음식남녀

신혼 초부터 "식성도 이혼 사유"를 외치던 남편의 말처럼 우리의 첫 부부 싸움도 음식에서 시작되었다. 1989년 연말 남편이 2박3일간 인근 도시에서 열리는 학회에 가게 되었다. 나는 당시 독일어 어학코스를 함께 다니던 일본 친구 노리코를 집으로 불러 함께 지냈다. 나보다 독일 생활 경험이 길었던 노리코는 슈퍼마켓에서 파는 재료로 손쉽게 스파게티와 샐러드 만드는 법을 가르쳐 주었다.

마침 남편이 돌아오는 날 저녁, 우리 집에 자주 놀러 오던 노총각을 초대하여 연말 식사를 하기로 한터였다. 나는 새로운 음식이라 생각하며, 노리코에게 배운 스파게티와 샐러드를 준비했다. 그러나 남편은 손님을 초대해 놓고 왜 밥이 없냐며, 고기도 없는 국수라는데 더 아연질색 했다. 식사를 마친 후, 두 사람 모두 처음 먹어보는 음식이 맛있었다고 좋아했다. 그러나 노총각이 돌아간 후 우리 부부는 한바탕 싸울 수밖에 없었다.

독일에 사는 동안 남편은 장을 보면 쇠고기, 소갈비, 돼지 살코기, 돼지 갈비, 돼지삼겹살, 냉동 닭 등 온갖 종류의 고기를 사왔다. 갈비탕을 끓여달라며 압력밥솥도 사왔다. 나는 독일에 사는 동안 남편을 대단한 육식 애호가로 생각했다. 단 한 번도 생선 요리가 먹고 싶다고 하지 않았다. 생선에 대해 잘 알지도 못하고 독일어도 서툰 내가 오히려 생선종류를 찾아내 생선을 굽거나 매운탕을 끓였다. 독일 도착하는 첫날, 트렁크에서 숟가락을 꺼내며 돼지고기 김치찌개를 끓이는 것을 시작으로, 나는 주로 고기요리를 남편에게 해주었다. 채식위주의 식사를 해오던 내가 처음 요리를 시작하면서 붉은 고기를 만지고, 자르고, 냉동 닭을 토막 내는 것은 참으로 고역이었다.

고깃배 선주였던 시아버지 덕에 남편은 어린 시절 부터 생선을 풍부하게 먹었다. 그리고 차츰 형편이 나아지면서 고기 먹는 것을 자랑으로 여기게 되었다. 시어머니는 매일 숯불을 피워 갈비를 굽고, 육회를 썰고, 갈비탕을 끓였다.

평생 시어머니는 된장찌개를 끓이거나 콩나물 무침을 하는 적이 없었다. 게다가 남편은 막내라고 어린 시절부터 먹을 것을 늘 한 개 더 챙겨 받았다. 시아버지는 막내아들을 옆에 앉혀두고 친구 분들과 화투를 쳤다. 그러다가 온갖 중화요리를 시켜먹으며, 막내아들도 맛보게 하였다. 고등학교를 타지에서 다니며 하숙을 하던 남편이 혹시라도 못 먹을까 염려하던 시어머니는, 가끔 집에 오는 아들에게 먹을 것으로 보상을 했다. 자취를 해야 했던 대학시절에도 남편은 요리를 하는 대신 식당을 전전하며 입에 맞는 음식을 골라 먹었다. 가끔 고향 집에 내려오면 시어머니는 떡 벌어진 밥상으로 아들을 위로했다. 시댁에서 식사는 여자들로부터 받는 보상이자 대접이었다.

이렇다보니 남편은 고기나 생선 위주의 밥상이 당연한 것으로 생각하게 되었다. 남편은 굶으면 굶었지 절대 대충 먹는 법도 없었다. 잘 차려지거나 좋아하는 음식이 아니면 아무리 바빠도 샌드위치나 김밥 등으로 요기를 채우지 않았다. 모든 가정집에서도 여러 식당의 메뉴를 골라먹듯 식사를 하는 것으로 생각했다. 아침에 된장국에 돼지불고기를 먹었으면, 점심엔 소고기 미역국에 조기구이를 먹고, 저녁엔 콩나물국에 닭갈비를 먹어야했다. 남편이 연속 두 번 이상 먹는 밑반찬은 구운 김 밖에 없었다. 남편이 제일 싫어하는 메뉴는 각종 밑반찬으로 이루어진 소위 가정식 또는 한정식이었다.

나 또한 같은 밑반찬을 며칠씩 먹거나, 밀폐용기에 담아두고 매끼 냉장고에 넣었다 꺼냈다를 반복하는 걸 싫어했다. 그리고 많은 식재료를 사서 냉장고에 오래 보관하는 편도 아니었다. 그러나 매끼 새로운 메뉴로 가족의 식사를 챙기는 것은 전업주부일 때조차 쉬운 일은 아니었다.

결혼 후 나 역시 남편과 입맛을 맞추는 것이 쉽지 않았다. 시댁에 처음 인사 와서 식사를 하던 날, 나는 밥상에서 훅 끼쳐오던 비린내를 아직도 잊을 수 없다. 밥상을 가득 채운 온갖 음식들이 거의 해산물이었기 때문이었다. 정성을 들여 만든 음식이었음에도 불구하고, 해산물로 뒤덮인 밥상에 나는 코를 틀어막고 싶었다.

나는 친정집에서 채식위주의 식사를 하며 자랐다. 일주일에 한두 번 저녁상에 한 가지 생선반찬을 더하는 정도였다. 그러나 친정과 달리 시댁은 매끼 심지어 한 끼에 여러 종류의 생선을 먹는 경우도 있었다. 집안에는 생선을 말리거나 생선을 요리해 먹은 후의 비릿한 냄새가 늘 배어 있었다.

식성뿐 아니라 시댁식구들이 음식을 대하는 태도 또한 나에게는 참 신기했다. 생선위주의 식사 탓에 식탁에는 늘 식구마다 앞 접시를 놓아야했고, 덕분에 설거지는 두 배로 늘었다. "오늘은 간이 맞네, 오늘은 좀 짜게 됐다, 이거 먹어봐라, 여기에 싸서 먹어봐라, 여기에 찍어서 먹어봐라." 시댁식구들은 음식 앞에서 늘 품평하는 것을 잊지 않았고, 먹는 방법도 권유하였다.

가장 특이한 것은 시아버지였다. "세시에 인절미 세 개 간식으로 주세요, 저녁엔 조기 두 마리만 구워주세요"하며 당신이 먹어야할 시간과 음식의 종류와 양을 매끼마다 시어머니에게 지정하는 것이었다. 친정아버지는 하루 세 번씩 먹어야하는데, 음식 하는 사람이 주는 대로 먹어야 한다며 평생 음식불평을 하지 않으셨다. 그리고 식탁에 맛있는 음식이라도 올라오면 은근슬쩍 애들 앞으로 접시를 밀어주셨다. 음식 앞에서 절제하고 서로를 배려하던 친정과 달리, 음식 앞에서 욕망을 드러내는 시댁식구들이 나에게는 참으로 낯설었다.

2000년 독일에서 유학을 마치고 귀국한 남편은 1년에 2kg씩 살이 찌기 시작했다. 5년이 지나자 10kg이 불어났고, 배가 나오기 시작했다. 직장생활을 하며 시작된 회식과 음주 때문만은 아니었다. 남편의 나쁜 식습관과 유학시절 숨겨졌던 식탐이 본격적으로 드러나게 된 때문이었다. 남편은 삼겹살을 비롯한 고기를 여전히 즐겼고, 국물은 그릇바닥까지 비웠으며, 각종 소스에 뭐든 듬뿍 찍어 먹었고, 수시로 콜라를 마셨으며, 과자, 아이스크림, 케이크, 단 과일을 후식과 간식으로 챙겨 먹었다.

시아버지가 말년에 통풍으로 고생하는 것을 보았던 나는, 체형이며 식성이 시아버지와 닮은 남편이 걱정이었다. 건강과 체중관리를 위해 되도록 야채반찬과 된장국을 차려냈다. 그럴 때 마다 남편은 달걀프라이 두개만 해달라며 화를 냈다. 어쩌다 떡국을 끓이면 밥 좀 먹자고 숟가락을 팽개쳤다. 음식을 적게 먹고 가려먹도록 잔소리를 하면, “내가 잘 먹고 다니는 게 질투 나서 그러냐?”고 오히려 화를 냈다. 남편의 몸무게는 계속 늘었고, 오랜만에 만나는 사람들은 남편의 살찐 모습에 한마디씩 했다. 남편은 믹스커피를 끊는 것으로 모든 식이요법을 대신했다. 옷 사이즈는 점차 커져 기성복을 사기도 어려워졌다. 그리고 고지혈증과 하지정맥류 약을 매일 먹는 처지가 됐다. 그래도 치킨과 맥주, 삼겹살을 포기하지 못했다. 아이들을 핑계로 먹자고 하거나, 외부 약속을 기회로 먹거나 심지어 내가 서울에 가 있는 동안 혼자서 고기 집에 가기도 하였다. 결혼당시 69kg이었던 남편의 몸무게는 90kg을 넘어섰고, 해산달을 기약하는 임산부처럼 배는 30년 동안 나날이 불러오게 되었다.

신혼 초부터 지금까지 남편이 여전히 고기를 좋아하는 것은 확실했다. 그런데 남편은 시댁에만 가면 갑자기 생선애호가로 돌변했다. 시댁식구가 모이기만 하면 생선회를 먹으려고 했다. 귀국 후 한국에서 남편은 단 한 번도 장을 보러 가지 않았다. 그러나 시댁식구가 우리 집에 온다면 노량진 수산시장에도 다녀왔다. 나는 갑작스런 남편의 모습에 정말 생선을 좋아하던 사람이었는지 의아했다. 물론 시댁 식구들이 좋아하는 음식을 대접할 수도 있지만, 안주인인 내가 대접하고 싶은 요리를 하면 안 되는 걸까 하는 생각이 들었다. 어느 며느리 집에서 모이든 매번 시댁식구가 모일 때면 음식은 늘 생선이었기 때문이었다.

시어머니는 생선을 가리키며, "우리 집 식구는 이런 거 좋아 한다"라고 늘 말했다. 우리 집 식구란 당신의 아들들을 의미했다. 가끔 시어머니와 대화중에 남편에 대한 불평이라도 하면, "그런 소리하지 말고 먹을거나 잘해줘라"는 핀잔으로 돌아왔다. 여자들 간의 교감과 연대를 상상하며 던진 내 말에 시어머니는 며느리의 본분을 그렇게 알려 주었다.

"난 꽁치 같은 생선은 먹지도 않았다"고 시어머니는 말했다. 늘 비싼 조기만 구워먹던 시어머니에게 꽁치는 싸구려 생선일 뿐이었다. 생선은 시댁의 삶의 기반이었고 자부심이었고 시댁식구들의 소울 푸드였을 것이다.

"오랜만에 형제들끼리 모여 회 한 접시도 못하냐?"고 남편도 말했다. 아마 생선회는 시어머니와 그 아들들로 이루어진 세대의 '우리 집 식구'라는 소속감의 표현이었을 것이다.

그러나 매번 생선회와 생선찌개 둘레에 앉아 본인들만의 이야기로 꽃을 피우는 모습에 다음 세대들은 거부감을 느꼈다. 세대가 바뀌면 아무리 맛있는 음식도 아무리 추억이 깃든 음식도 이해받기 어려운 법이다. 시어머니와 남편형제들은 세대가 분화하고 후세대가 늘어 가는 것을 깨닫지 못하고 있었다. 네 명의 며느리가 들어와 만든 네 가족들은 시어머니가 오래전 일군 가족과는 이제 음식에 대한 생각도 입맛도 변했다. 그리고 배만 불리는 음식의 위험을 아는 시대가 되었다. 자기세대의 음식과 자기세대의 생각 그리고 형제애를 과시하려는 생각은 오히려 가족모임조차 세대 간을 단절시키는 원인이 되었다. 후세대가 참석하지 않는 식탁은 점차 노인들의 식사로 변해갔다.

네 명의 며느리에게서 받은 이바지 음식의 의미를 시어머니가 한번쯤이라도 생각해봤을까? 이바지 음식이란 신부 집과 신랑 집의 음식 맛의 차이를 줄이고, 신부의 요리를 돕기 위한 뜻도 있다고 들었다. 막내며느리인 내가 결혼 한지 30년이 되었다. 이제 내 요리도 내 친정엄마의 맛과 요리방식과는 다르다. 우리 세대는 조기와 꽁치를 부의 상징이 아닌 식품영영학적으로 비교를 한다. 후세대는 후세대의 음식과 생각을 존중받고 싶어 한다.

나도 집안만의 자부심 있는 요리가 물론 자랑스럽다. 상업화 된 이바지 음식, 프랜차이즈 요리, 퓨전요리처럼 입맛의 균일화가 이루어지는 게 안타깝기도 하다. 그러나 사라져버린 선주라는 타이틀처럼 아마 시댁의 후세대는 다른 직업, 다른 음식, 다른 생각을 하게 될 것이다. 가족이라는 이름으로 강요가 아닌 서서히 다가오는 분화와 변화를 인정해야하지 않을까?

남편이 된장찌개를 즐기게 된 것은 결혼 후 20년이 지나서 부터였다. 입맛이 서서히 바뀌었다기보다 음식에 대한 생각이 바뀐 탓이 클 것이다. 그러나 여자 동료나 여자 제자들과 스파게티라도 먹고 온 날이면 남편은 여지없이 말한다. “오늘 뭘 먹었는지 모르겠네.”

2) 1994년 이안 감독의 영화. 은퇴한 요리사와 네 딸 간의 갈등과 세대변화를 요리에 담았다.

3. 이보다 더 좋을 수는 없다

1989년 8월 말, 11개월 만에 독일에서 다시 만난 남편은 틱 현상을 보이고 있었다. 수시로 오른쪽 눈을 찡긋거리며 동시에 입 꼬리를 씰룩거렸다. 그러나 정작 남편 본인은 자신의 틱 현상을 알아채지 못하고 있었다. 나는 그런 틱 현상이 어린아이에게만 나타나는 줄 알았다. 그간 별 일 없이 독일 생활에 적응하고 있다고 생각했는데, 그런 남편의 모습을 보니 가슴이 아팠다. 말은 안했지만 혼자 얼마나 마음을 졸이며 지냈을까 하는 생각이 들었다. 수개월에 걸친 대화를 통해 차츰 그 현상은 사라졌다.

결혼 초부터 시어머니는 남편의 깔끔하고 정리정돈 잘하는 성격을 칭찬했다. 함께 살기 시작하면서 나도 처음에는 그런 줄 알았다. 남편은 아침, 저녁으로 샤워를 하고 속옷과 양말을 갈아 신었다. 수건은 매번 새것을 꺼내 썼다. 손을 자주 씻다보니 손수건도 항상 갖고 다녔다. 손을 닦은 후에 혹시라도 물건을 만지게 되면, 물건을 집었던 손가락 몇 개를 부엌 싱크대 앞에서라도 다시 닦았다. 빨랫감은 다른 집의 두 배 이상이었지만, 깔끔한 성격이라 그러려니 했다. 며칠씩 같은 양말이나 속옷을 입는 남자들도 많다고 들었기 때문이었다. 남편은 자신의 책상주변은 물론 집안 정리정돈도 잘하고 청소기도 잘 돌렸다. 설거지도 엄청 깨끗이 했다.

그러나 남편에게도 더러운 곳은 있었다. 그것은 남편의 귓구멍이었다. 의사들이 보통 권하지는 않지만 대부분의 사람들은 귀지를 판다. 내가 처음본 남편의 귓구멍은 말 그대로 '귓구멍이 꽉 막힌' 상태였다. 남편은 평생 귀를 파 본적이 없었다. 따뜻한 햇살이 내리쬐는 마루에 나와 엄마 무릎을 베고 귀를 파내던 추억이 남편에게는 없었다.

남편의 이상한 점은 또 있었다. 남편은 속옷은 자주 갈아입어도 정작 겉옷은 빽어서 빨 때 까지 똑같은 걸 계속 입었다. 직장에 다니던 습관이 계속 남았는지, 유학시절 내내 흰색 셔츠를 입었다. 남편의 흰색 양말을 검정 양말로 바꿔 신기는데 나는 5년이 걸렸다.

남편은 청소기는 돌려도 걸레는 절대 만지지 않았다. 아주 깨끗한 새 수건으로 자신의 책상을 닦고 그 수건을 세탁기에 넣었다. 매일 면도는 빠지지 않고 열심히 했지만, 평생 면도날을 갈지 않았다. 턱 주변에 상처나 부스럼이 생겨도 모르고 그냥 썼다. 내가 나서서 정기적으로 면도날을 갈아줘야 했다. 매일 보는 거울이나 사시사철 한 몸처럼 들고 다니며 트는 선풍기조차 먼지한번 털어내지 않았다. 무엇이든 반듯이 접거나 제 위치에 가지런히 두었지만, 모든 물건은 그 자리에서 평생 먼지를 뒤집어쓰고 있었다. 나는 남편의 깔끔함이나 칼 같은 정리정돈이 위생관념과는 다르다는 것을 알았다. 그것은 혼자 고군분투하는 남편의 강박 증세였다.

남편 연구실 책장에는 수 천 권은 될 듯 한 책들이, 한 치의 흐트러짐 없이 빼곡히 들어차있다. 바닥이나 책상위에도 책, 인쇄물, 우편물들이 반듯한 각을 이루어 쌓여있다. 화분, 의자, 선풍기, 벗은 실내화, 세면대 옆 수건 등 모든 사물들도 항상 제자리를 지킨다.

집 서재의 책들도 선반 끝에 줄을 가지런히 맞추어 꽂혀있다. 책상 서랍

속 또한 각종 서류와 문방용품들이 크기대로 쌓여있거나 일렬로 늘어서있다. 앞뒤가 있는 물건은 항상 정면을 향해있다.

집에 들어서면 남편은 신발부터 정리한다. 밥을 먹을 때도 식탁위의 반찬 그릇의 줄을 맞춘다. 접시가 비뚤어지면 밥을 먹다가도 젓가락으로 밀어서 위치를 바로 잡는다. 잘 때도 똑바로 누워 잔다. "옆으로 1센티만 가줘. 밑으로 4센티 내려와." 옆에 함께 누운 나도 줄을 잘 맞춰서 자야한다.

정리정돈을 잘 해둔 덕인지 위치에 대한 기억력이 좋은 탓인지, 남편은 수많은 책과 물건들의 위치를 정확히 기억하고 있다. 정리된 상태를 봐서 누가 자기 물건을 만졌는지도 금방 알아차린다. '일사분란.' 이것이 남편의 정리정돈 방식이다. 그러나 부작용도 있다. 뭐든 제자리에 있어야 한다고 생각하다보니, 온갖 전기 플러그는 항상 꽂혀 있어야하고 전기불은 항상 켜 있어야 한다.

남편의 강박증세는 '수집'이라는 또 다른 형태로도 나타난다. 남편의 서랍이나 책장 구석구석에는 오랜 기간 동안 모아 둔 것들이 쌓여있다. 카드매출전표, 버스표, 기차표, 은행거래내역서, 받은 편지, 청첩장, 연하장, 우편엽서, 각종 팜플렛, 사진, 그림, 메모, 명함, 전단지, 공과금 고지서, 물건을 담았던 비닐봉투. '뭘 이런 걸 여태 보관하나' 싶을 만큼 하찮은 것들도 차곡차곡 접어 구석구석 쌓아 둔다.

2년마다 이사를 다닌 나는 이사 한 달 전부터 개인 정보 유출을 막기 위한 문서파기에 들어간다. 한 달 내내 뜯고 찢어 버려야 한다.

겉으로 드러나는 강박증세 외에도 남편은 평생 악몽에 시달렸다. 독일에서 유학하던 시절 남편은 일주일에 한 두 번씩 대학예비고사를 치르는 꿈이나 군대에서 자신을 폭행하던 원사 꿈을 꾸었다. 남편이 해야 할 일로 스트레스를 받을 때면 어김없이 이 두 가지 꿈이 번갈아 나타났다. 남편의 일생을 통틀어 대학입시 실패와 군대에서 당한 가혹행위는 남편 자존심에 큰 상처를 입힌 것 같았다.

재수를 통해서도 원하는 대학에 가지 못한 패배감, 외교관이 되려던 꿈의 좌절, 그리고 3년간 군대에서 당한 폭행은 남편 마음 깊숙한 곳에 평생 상처를 남겼다. 남편이 군 입대를 하게 된 시기는 5.18 광주항쟁직후였다. 전라도 출신 대학생이었다는 이유 하나로 남편은 자대 배치를 받자마자 폭행에 시달렸다. 특히 남편을 못살게 굴던 원사가 있었다. 잠자는 남편의 목에 총검을 겨누기도 했던 그 사람은 제대할 때까지 남편을 폭행했다.

어수선한 시절에 한 친구가 남편에게 학내시위 소식을 알리는 편지를 보내왔다. 덕분에 남편은 군대내 독방에 갇혔다. 남편은 막내아들이었지만 스스로 약지도 못했고 부모를 통한 편법을 쓸 줄도 몰랐다. 부모에게 힘든 내색한번 안하고 33개월의 힘든 군 생활을 마쳤다. 그러나 현실은 끝났지만 마음의 상처는 평생 낫지 않았다.

남편은 유학을 마치고 귀국한 후에도 몇 년간 그 두 가지 악몽을 자주 꾸었다. 차츰 횟수는 줄어들었지만, 60의 나이에도 남편은 가끔 그 꿈을 꾼다. 그리고 귀신이 나오는 꿈을 꾸며 가끔은 소리도 지른다. 나는 자다가 남편을 흔들어 귀신을 쫒는다.

책 읽는 습관에도 남편의 강박 증세는 나타난다. 남편은 읽어야할 서류나 책에 자를 대고 밑줄을 긋는다. 중요 부분 몇 군데에만 줄을 긋던 습관은 세월이 흐르면서 점차 모든 활자 밑에 줄을 치는 증상으로 악화되었다. 모든 책과 서류에는 처음부터 끝까지 밑줄이 쳐있다. 그렇게 남편은 늘 막대 자와

수성 펜을 든 "밑줄 긋는 남자"(카롤린 봉그랑, 열린책들, 1993)가 되었다.

남편의 청결함은 식사 때가 되면 극에 달한다. 식사 전에 화장실로 달려가 입안을 헹군다. 곧 간이라도 튀어오를 듯 켁켁 대며 목구멍 속까지 깨끗이 씻어야 남편은 식탁 앞에 앉는다. 상추쌈이라도 먹는 날에는 손과 입을 닦느라 난리다. 한번 싸먹고, 입 닦고 손 닦고……밥 그릇 아래에는 닦고 난 휴지들이 꼬깃꼬깃 뭉쳐져 숨어있다.

남편은 잠옷에도 손수건을 넣고 다닌다. 잠자리에 누운 나는 남편 왼쪽 가슴위에 달린 주머니에서 손수건을 꺼낸다. 그리고 재미삼아 잠자는 남편의 마른 코를 닦아 준다.

나와 싸우거나 긴장관계가 되면 남편은 지금도 "음, 음" 소리를 내는 틱 현상을 보인다. 그러나 절대 먼저 화해를 시도하는 아량은 보이지 않는다.

오늘도 남편은 부엌 싱크대 앞을 지나며 다용도실로 통하는 문을 잠근다. 부엌에서 일하며 하루에도 수 십 번 씩 다용도실을 드나드는 나는 매번 화가 난다. 남편은 매번 가스레인지 위의 주전자 주둥이를 뒤로 향하게 돌려놓는다. 그리고 개수대 앞을 지나며 무언가를 만진 손가락 두세 개를 씻고, 수도꼭지를 가운데로 향하게 둔다. 주로 찬물을 쓰는 나는 매번 수도꼭지 방향을 왼쪽으로 바꾼다. 어느 새 남편은 싱크대 앞 환기창도 꼭 닫아 잠갔다. 요리를 할 때마다 내뿜는 열기와 냄새 때문에 나는 다시 창문을 연다. 남편은 전자레인지 옆 술병과 꽃병을 일렬로 전자레인지에 딱 붙여 세워둔다. 전자레인지는 작동할 때마다 옆구리에서 바람을 내뿜는다. 나는 붙어있는 술병과 꽃병을 멀찍이 떨어뜨린다. 나는 남향의 거실 커튼 두 쪽을 양쪽으로 활짝 걷어둔다. 남편은 어느 새 한쪽커튼을 다시 친다. 역시 거실 유리문은 잠겨

있다. 베란다로 나가며 나는 다시 문을 연다.

욕실 수도꼭지 손잡이도 한가운데를 향해 있다. 욕실 쓰레기통의 입구는 약간 왼쪽을 향해 돌아있다. 발로 밟아야 뚜껑이 열리는 욕실 쓰레기통을 나는 정면을 향하게 돌려놓는다.

이렇게 집안 물건을 두고 남편과 나는 종일 숨바꼭질 한다. 남편은 뚜렷한 이유도 없이 물건의 위치를 바꾸거나 문을 잠근다. 나는 내색은 하지 않지만 여유를 못 찾고 여전히 고군분투하는 남편의 모습에 안쓰러움이 밀려온다. 강인한 것 같지만 남편은 여전히 사랑에 목마르다.

3) 잭 니콜슨 주연의 1998년 영화. 유별난 강박 증세를 가진 남자가 마음을 열고 더 좋은 남자로 거듭나는 이야기.

4. 도도한 생활

1974년 1월 12일 내가 국민 학교 4학년 겨울 방학 때 우리 집에 피아노가 들어왔다. 그리고 1월 28일 나는 첫 피아노 레슨을 받으러 갔다. 당시의 일기장을 보니 한 달에 삼천오백 원의 레슨비가 비싸서 알아본 좀 더 저렴한 개인 교습소였다. 음대에서 피아노를 전공하지 않은 동네 교회의 피아노 반주자 선생님이었다. 젊은 여선생님은 성실하게 자리를 지키고 매번 레슨을 해주지 않았다. 교습을 받으러 가면 선생님은 없었고, 혼자 피아노를 치다오는 일이 비일비재해졌다. 일 년 후 나는 친구 엄마가 가르치는 곳으로 교습소를 바꿨다. 직장을 다니던 친구 엄마는 퇴근 후 부엌에서 밥을 하며, 내가 치는 피아노 소리를 듣고 틀린 곳을 지적했다. 중학교 3학년이던 1978년 8월까지 나는 피아노를 배웠다.

사실 우리 집은 피아노를 들여놓을 만큼 부자가 아니었다. 네 아이들을 밥만 먹여 학교에 보내기도 힘든 실정이라, 취미를 위해 피아노를 배우게 한다는 건 사치였다.

나의 친 할아버지는 내가 아주 어릴 적에 돌아 가셨다. 돌아가셨다는 연락을 받고, 아버지가 눈물을 훔치며 시골로 내려가려고 준비하던 그날만 어렴풋이 기억난다. 외할아버지는 나의 엄마가 결혼도 하기 전에 돌아가셔서,

나는 외할아버지를 뵌 적이 없다. 나에게 할아버지란 친할아버지의 남동생이셨던 두 분의 종조부다. 이젠 두 분 다 돌아 가셨다.

큰 종조부는 내가 어린 시절 유일한 할아버지였고, 방학이면 가서 지내다 오던 '할아버지 댁'이었다. 할아버지는 내가 그림일기에 할아버지의 모습을 그리는 걸 참 좋아하셨다. 명절에 만나는 유일한 친척도 큰 종조부네 뿐이었다.

작은 종조부는 내가 초등학교 4학년이 되었을 때 처음 보았다. 고향에서 농사를 짓던 할아버지는 해방 후 어느 날 아침, 논에 물꼬를 트러 간다고 삽을 들고 집을 나가더니 행방불명이 됐다. 논두렁에 삽만 덩그러니 남겨두고 소식이 몇 년간 두절되자, 혼자 남았던 할머니는 개가를 했다.

그 후 20년이 지난 1970년대 초, 인천에 살던 아버지에게 연락이 왔다. 할아버지는 삽을 팽개친 채, 패망후의 일본으로 건너갔다. 그리고 그곳에서 고생 끝에 부동산 중개업으로 돈을 벌었고, 거류민단의 단장이 되어 재일동포들을 이끌고 한국에 나오기 시작했다.

그 시절 나는 한 번도 양복 입은 아버지나 어른들을 본적이 없었다. 당시 할아버지의 부티가 줄줄 흐르던 모습이 지금도 눈에 선하다. 금장 단추를 단 더블브레스트의 검정양복, 말끔히 다려진 흰 셔츠와 넥타이, 머릿기름을 발라넘긴 헤어, 금테안경, 하얀 손가락에 끼여 있던 금반지와 금시계.

할아버지는 한국에 나올 때 마다 변변치 못한 일가친척집 대신 꼭 '조선호텔'에 묵었다. 때로는 여행 가방 안에 일가친척들을 위한 옷을 잔뜩 담아오기도 했다. 그 속에는 새로 사온 옷도 있었지만, 입던 옷도 들어있었다. 모두 질이 좋고 고급스러웠다.

그러나 그 시절 가장 놀라운 것은 한국에 나올 때 마다 할아버지가 들고 왔던 사각서류가방 일명 007가방이었다. 한 개나 두 개씩 들고 나왔던 그

가방 안에는 김포공항에서 바꿔 온 빳빳한 만 원짜리 지폐가 다발로 묶여 가득 들어 있었다.

그간 할아버지는 한국사정에 어두워지고 한국말도 좀 어눌해졌다. 그러나 부자가 된 할아버지는 당시 가난하던 한국의 일가친척 누구에게나 어른, 아이 가릴 것 없이, 만나는 사람에게 돈을 주었다. 뿐만 아니라 당시 초등학교 4학년이던 나에게는 피아노를 사줬고, 전세살이 하던 아버지에게는 집을 사줬다. 그리고 고향에는 조상을 모시겠다며 산을 사서 선산공사를 했다.

돈 잘 쓰며 인기 많던 할아버지는 친척뿐 아니라 온갖 여자들에게도 인기가 많았다. 한국에서 이미 결혼을 했던 할아버지는 일본에서 다시 결혼을 하여 아들 하나를 낳았다. 그런데 그 부인을 유방암으로 잃었고, 다시 재혼을 해서 아들 하나를 더 낳고 살고 있었다. 그런데도 잠깐의 한국 방문 때마다 여자를 사귀었다. 소문이 있던 몇몇 여인 중에 한명이 우리 집에서 자고 간 기억이 난다.

나는 그때 그 여인이 입었던 살색 팬티스타킹을 난생 처음 보았다. 우리 엄마보다 더 젊었던 그 여인은 그 다음 번에 올 때는 유치원생쯤으로 보이는 자신의 아들을 데리고 왔다. 꼬마 신사처럼 흰색 타이즈에 반바지 그리고 재킷 차림의 아이였다. 엄마는 사촌 시동생이라고 말할 수도 없는 애매한 관계의 그 어린아이를 위해 다과상을 차려왔다. 구멍이 송송 난 동그란 과자를 흰 접시에 가지런히 담고, 오렌지주스 한잔을 유리잔에 따라왔다. 나와 동생들에게는 한 번도 사 준적이 없던 것이었다.

나와 동생 셋은 그 아이가 과자를 먹고, 오렌지주스 마시는 모습을 지켜만 보았다. 그러자 그 여인이 가까이 와서 같이 먹으라고 권했다. 우리 넷은 접시로 다가가 과자를 집었다.

그 여인과 아들이 돌아가고 나서 우리들은 엄마한테 혼이 났다. 거지새끼처럼 굴어서 창피했다고. 그리고 과자만 먹어서 목이메인 우리들에게 엄마는 오렌지 주스대신 맹물을 주었다.

그 과자가 미제 '리츠' 크래커였는지 국산 과자였는지 모르겠다. 지금도 '제크' 크래커를 보면 그때가 생각난다. 구멍이 송송 난 동그란 크래커. 할아버지를 둘러싸던 많은 일가친척들과 소문 속의 여인들. 그리고 이제 45년 된 내 피아노.

4) 김애란의 단편소설집 "침이 고인다(문학과 지성사, 2007)" 중 한 편. '웃프다'는 표현이 실감나는 작가의 작품에 나는 감탄한다. 나와 반대로 인천에서 살다가 충청도로 이사 갔다는 작가의 삶의 경로도 친밀감을 느끼게 한다.

5. 마르셀의 추억

나는 어린 시절 모습이 담긴 사진이 별로 없다. 백일이 지난 후 외할머니댁에 갔을 때 사진관에서 찍었다는, 내 최초의 사진도 친정집엔 없다. 큰 고모 결혼식, 그러니까 내가 너 댓살 되었을 때 많은 친척들 틈에 몸이 끼어 간신히 얼굴만 내밀고 나온 사진이, 추측 할 수 있는 유일한 어릴 적 모습이다. 그 후 학교 다닐 때 찍은 사진들은 좀 있다. 대부분 소풍 때나 교정에 꽃이 피었을 때, 친구들이 가져온 카메라로 함께 찍은 사진들이다.

나는 학교 졸업사진 운도 없다. 중학교 졸업사진만 온전히 남아 있다. 초등학교 졸업식에 엄마랑 할머니가 오셨지만, 우리 집은 카메라가 없어서 사진은 찍지 못했다. 그 후 중학교 졸업식 때는 외삼촌이 오셔서 사진을 찍어 주셨다. 수석 졸업하던 그 날의 영광이 고스란히 남아있다. 고등학교 졸업식에도 외삼촌이 오셔서 사진을 찍어 주셨다. 그런데 필름현상을 하러 카메라를 들고 가던 직원이 넘어지는 바람에, 카메라는 부서지고 필름은 튀어나와 사진을 죄다 망치고 말았다.

대학교를 졸업하기 전 우리 집에 카메라가 처음 생겼다. 당연히 졸업식에 온 식구가 모여 대학 교정을 누비며 사진을 찍었다. 그 후 사진 현상을 하려고 카메라를 열던 우리는 깜짝 놀랐다. 필름 한통이 원위치 그대로 꽂혀 있었다. 처음 산 카메라로 사진사 역할을 했던 남동생이 필름이 제대로 감겼는지 확인하지 못한 채, 셔터만 헛 누른 것이었다. 대학 졸업 전에 직장생활을 시작했던 나는 졸업식에 찾아왔던 직장선배가 찍어준 몇 장의 사진이 그나마 나의 유일한 대학 졸업 사진이 되고 말았다.

그래도 가장 기억에 남는 졸업사진이 한 장 있다. 그 사진은 내가 국민학교를 졸업하던 날 저녁에 찍은 가족사진이다. 나와 4학년, 1학년이던 남동생 둘 이렇게 셋이서 우등상장을 앞에 들고 찍은 우리 집 최초의 가족사진이다. 그 사진은 흑백 사진인지 컬러사진인지 붉은 색과 푸른색만 선명히 구별된다. 국민 학교 졸업식 날 저녁, 퇴근 후 집에 오신 아버지가 자식 셋이 우등상을 받아온 것을 보고 너무 기뻐하였다. 그리고 아버지의 권유로 갑자기 온 식구가 옷을 차려입고 저녁 늦게 사진관에 가게 되었다. 한복 입은 엄마와 양복 입은 아버지, 축하하러 온 듯 더 화려한 한복을 입은 어린 막내 여동생까지, 자식을 키우면서 부모님이 가장 뿌듯했을, 어쩌면 자라면서 우리가 했을 최고의 효도 순간이 38년 전 사진 속에 그렇게 남아있다.

기억에 남는 또 한 장의 가족사진은 우리 가족 최초이자 마지막인 여름휴가 사진이다. 아마 내가 고등학교 다닐 때인 듯싶다.

국민 학교 저학년 때까지 나는 방학이면 부모님이 아닌 다른 사람 손에 이끌려 친척집에 놀러갔다. 주로 종조부 댁이나 외가 집이었다. 인천이던 우리 집에 오셨던 할머니를 따라 용산 종조부 댁에 놀러 가거나, 외숙모나 외삼촌을 따라 논산 외가댁에 놀러갔다. 세 명의 동생이 있었지만, 동생들이 어려서인지 나만 늘 따라갔다.

종조부 댁은 아파트였지만, 외할머니 댁은 시골 농가였다. 외할머니 집의 넓은 안마당, 뒤란의 텃밭, 방문 앞의 툇마루, 대문 옆 헛간 그리고 팔다리를 긁히며 헛간 짚더미위에 올라가 찾아낸 달걀, 집 앞의 개울과 그 곳의 거위, 원두막, 어둡던 시골길과 호롱불, 아직도 어린 동생이 아홉이나 있던 외숙모

네 친정집, 외할아버지 산소에 가다가 외삼촌이 따준 이웃집 대추……지금도 그 시골의 모습이 선명히 떠오른다.

학년이 올라갈수록 친척집에 갈 기회는 뜸해졌다. 그렇다고 방학에 우리 가족끼리 여행을 한 적도 없었다. 따라서 그 사진 속 송도 유원지는 우리 가족이 처음으로 함께 한 여행이자 휴가였다. 비록 시내버스를 타고 다녀온 당일치기 물놀이였다. 그 날 엄마는 김밥을 싸고, 닭을 튀겨 찬합에 담았다. 큰 물통에는 얼음물도 담았다. 수영을 배운 적이 없는 우리 네 남매는 물만 끼얹고 놀았다. 사진사가 컬러로 찍어준 수영복 차림의 가족사진을 보노라면 평범하기 만 했던 시절의 즐거웠던 하루가 기억난다.

5) 마르셀 파뇰의 소설을 영화로 만든 1990년 프랑스 작품. 어린 시절 가족과 보냈던 행복했던 여름휴가에 얽힌 에피소드와 엄마에 대한 추억을 그리고 있다.

6. 솔로몬과 개너

2017년 8월 1일 아침, 환기를 하러 베란다 문을 열러 나간 남편이 카카오 톡으로 사진을 보내왔다. '피렌체의 아침'이라는 제목의 사진이었다. 아파트 베란다에서 내려다본 풍경을 찍은 사진이었다. 교회와 자동차 정비소의 붉은 지붕이 휴대폰 액정 속에서 그럴법해 보였다.

2016년 3월에 이사 온 아파트는 담장 바로 앞에 작은 놀이터와 우측으로 유치원 건물들이 들어서있었다. 그리고 그 뒤로 시립 도서관과 노인복지관이 또 다른 공원을 앞에 두고 들어서 있었다. 그래서 높은 앞 동 건물이 막아서는 다른 아파트와 달리 우리는 베란다에서 왼쪽으로는 학산 그리고 저 멀리 모악산 정산까지 볼 수 있었다.

딱 하나 흠이라면 작은 놀이터 왼편에 세워진 교회의 높은 철골 탑 십자가였다. 그 십자가는 9층인 우리 집 베란다 앞 시야를 정면으로 가리고 있었다. 미적 감각이라고는 전혀 없어 보이는 철골 탑 십자가를 볼 때마다 나는 교회의 신성함보다 삭막함을 느끼곤 했다. 이 교회를 제외하고도 아파트 베란다에서는 7~8개의 십자가가 보였다. 그 중에서 세 개의 교회는 같은 건축회사에서 세웠는지 똑같은 주홍빛 첨탑 스타일을 하고 있었다. 그러나 밤이면 모든 교회 십자가는 똑같은 붉은 빛을 밝혔다.

1994년 아이들과 한국에 귀국할 때였다. 공항에서 친정집으로 오는 길에, 다섯 살 된 아들은 "엄마, 한국에는 왜 이렇게 프리드 호프(Friedhof 독어 : 공동묘지)가 많아? "하고 물었다. 어둠이 내린 도시 속에서 빛나는 수많은 십자가들이 어린 아들의 눈에는 독일 공동묘지에서 보았던 많은 십자가들처럼 보였던 것 같다.

언제부터 교회가 십자가에 붉은 빛을 밝히게 됐는지 모르겠다. 밤의 도시 속 군데군데 솟은 붉은 십자가를 베란다에서 내려다보면 어린 아들과 마찬가지로 나 역시 도시가 잠든 공동묘지 같다는 느낌이 든다.

내가 교회를 처음 다니게 된 건 국민 학교 4학년 겨울방학 때 피아노를 배우기 시작하면서였다. 피아노 선생님이 다짜고짜 '어머니 은혜'를 불러보라더니 교회성가대에 나오라고 했다. 피아노 선생님은 그 교회의 반주자이자 어린이 성가대 지도교사였다. 내 의지와 상관없이 나는 어린이 성가대원이 되었다. 교회에 나가 다른 아이들과 성가연습을 했고, 일요일에는 빨간 망토와 빨간 베레모를 쓰고, 설교단 옆 성가대석에서 노래를 불렀다. 예쁜 노랫말의 어린이 성가곡과 엄숙한 찬송가를 배우며 나는 노래의 즐거움을 알게 되었다.

나는 어린이 성가대원이였지만 교회신자가 되었다는 생각은 하지 못했다. 예배가 끝나면 반별로 모여 교회 선생님과 성경공부를 했다. 커다란 교회 안에서 반별로 옹기종기모여 공부를 하느라 교회 안은 와글와글 했다. 성경 공부가 끝나면 길쭉한 주머니를 돌렸다. 아이들은 그 안에 10원짜리 동전을 집어넣었다. 일 년 후 나는 피아노 교습소를 옮기면서 어린이 성가대도 그만두었다. 그러나 빨간 망토와 빨간 베레모의 성가대 옷을 입고 많은 사람 앞에 나서서 노래를 불러본 것은 특별한 경험이었다.

그 후 그 교회를 다시 다니게 된 것은 1976년이었다. 배정받은 중학교는 종교재단 소속의 미션스쿨이었다. 예배로 아침조회를 시작하고 예배로 종례를 했다. 월요일 운동장 조회도 예배로 시작했다. 매주 종교 수업을 했고 매년 부흥회도 했다. 우리 반 종교부장은 매주 교회를 다녀왔는지, 교회주보를 확인하고 교실 벽에 그래프를 그려 표시했다.

그 사이 그 교회는 크게 교회를 새로 짓고 앞 동네로 이사를 했다. 모든 학생이 교회 안에 모여 시끄럽게 성경공부를 하던 때와 달리 중등부 교실도 따로 생겼다. 교회가 커져서 그런지 신도들도 더 많아진 듯 했다.

사실 내성적인 내가 매주 교회에 나가 알지 못하는 수많은 사람들과 만나야한다는 것은 퍽 거북한 일이었다. 그래서 나는 일요일 대예배 대신 중등부 예배를 보기 시작했다. 예전과 마찬가지로 대예배든 중등부 예배든 예배가 끝나면 어김없이 길쭉한 주머니가 돌았다. 여전히 모두가 그 안에 돈을 넣고 있었다. 대학 졸업 후 스스로 돈을 벌 때까지 용돈이라는 것을 받아본 적이 없는 나는 교회에 갈 때마다 매번 돈을 내야 한다는 게 곤혹스러웠다. 헌금에 대한 개념도 없던 나는 왜 교회에서 아이들에게까지 돈을 받는지 이해하기 어려웠다. 신축한 교회 때문인지 어른들도 각종 명목의 봉투를 만들어 헌금을 독려하고 있었다.

나는 이미 국민 학교 시절 '신약 성서'를 읽은 적이 있었다. 그 당시 '자유교양도서'라는 학년마다 강제로 읽도록 정해진 네 권의 책이 있었다. 아마 5학년 때인가 그 책 중에 '신약 이야기'가 있었고, 나는 그 책을 재미있게 읽었다. 나에게 신약은 위인 예수의 이야기라기보다 재미있는 옛날이야기 같았다. 그리고 중학교에서 구약 성서를 알게 되었다. 알듯 말 듯 한 성경의 문체는 성경 속 이야기만큼이나 신비로 왔다. 아라비안나이트를 읽듯 나에게 성경은 재미있는 소설이었다. 종교의 자유라는 개념이 희박하던 시절, 학교 선생님 말이라면 무엇이든 믿고 따라야 한다고 생각했던 시절, 나는 종교 수업도 교회에 나가는 일도 열심히 했다. 그리고 나는 중학교를 수석졸업하며 “종교상”을 받았다.

어린 시절 나에게 종교란 신이나 믿음이라기보다 음악이고 문학이었던 것 같다.

1982년 겨울 대학교정에 세워진 게시판 위의 합격자 명단을 확인하고 돌아서는 나에게 제일 먼저 다가와 축하를 건넨 사람이 있었다. 그 여자 선배는 자신이 대학 내 종교 동아리 ‘내비게이션(navigation)’ 소속이라고 하였다.

중학교를 졸업하고 나는 교회에 다니지 않았다. 그러나 종교는 늘 내 주변에 있었다. 어린 시절 부터 무속신앙이며 사이비 종교를 넘나들던 할머니가 교회를 다니기 시작했다. 친정엄마 또한 이웃의 권유로 잠시 교회를 나가는 듯 했다. 남동생은 천주교 재단 중학교에 들어갔다. 그러나 남학교라 그런지 개신교와의 차이인지 종교에 대한 강제성은 없는 듯 했다. 남동생은 나와 달리 한 번도 성당에 가지 않았다. 여동생은 앞집 친구를 따라 교회를 다니더니 대입 재수를 하며 그만 두었다. 결국 친정 식구 중 종교를 갖게 된 건 천주교로 전향한 할머니 뿐 이었다.

한국에서 종교를 강요받지 않고는 살수가 없는 것 같다. 특히 개신교의 경우 길을 지나다 보면 일주일에 한두 번쯤은 사탕이 붙은 전도용 전단지나 휴지를 받게 된다. 이사를 가면 꼭 이웃 중 누군가가 찾아와 교회에 같이 나가자고 한다. 대부분의 여자들은 결혼 후 사회생활을 종교 생활로 이어가는 경우도 많아 보였다.

종교가 없던 시댁도 시아버지의 죽음이후 장례절차를 지켜보던 시어머니가 천주교인이 되었다. 노령의 시어머니에게 종교란 삶을 반성하고 편안히

죽음을 받아들이기 위한 수단은 아닌 듯 싶었다. 여전히 자식들의 복을 비는 구복신앙이자 자신의 엄숙한 장례절차를 대비한 수단인 듯 했다. 그래도 정기적으로 가야할 곳과 만나는 사람이 있다는 것은 노년의 시어머니에게 큰 위안인 듯 싶다.

한때는 정치와 문화도 담당했고, 나라를 구하는데도 앞장섰던 종교 그리고 나라의 근대화에도 이바지했던 종교. 개인의 종교적 신념만으로도 타국에서 헌신하는 사람들. 나는 그때마다 종교의 위대함을 느낀다. 그러나 종교로 인한 분란이나 전쟁을 보면서 나는 정치적 신념만큼이나 종교적 신념도 무섭다는 걸 실감한다.

나는 가톨릭 성지에도 가 보았고, 이슬람 사원도 가 보았다. 나는 가끔 절에도 간다. 나에게 아직은 그 모두가 종교가 아니라 문화이기 때문이다.

특히 절은 나에게 우리 문화이다. 나는 여행을 가면 그 지역의 절을 찾는다. 번잡한 도시한복판이 아니라 산속에 있는 것이 좋다. 산길을 따라 때로는 계곡을 따라 숨차게 오르다 보면 나타나는 절 입구, 제각각 용도를 지닌 사찰 건물과 기와지붕, 무시무시한 사천왕과 눈 작은 부처 그리고 무언가 한 가지 이상의 보물을 간직하고 있다는 사실. 때로는 역사적 사실이 아니라 전설을 담고 있는 것 역시 정감을 느끼게 한다.

우리 가족은 종교에 대해 결정한 바가 없다. 내 친구 중에도 나만 종교가 없다. 아마도 사람들의 삶의 태도에서 종교의 유무의 차이를 느끼지 못하기 때문일지도 모른다. 법, 도덕, 윤리, 양심에 따르듯 종교의 가르침에 따르는 것 역시 겸손하고 올바른 삶을 살고자 하는 노력일 것이다.

서로 사랑하며 살라는 흔한 말처럼 실천하기 어려운 일도 없을 것이다. 네 이웃은커녕 남편을 사랑하기도 힘드니 말이다. 지혜의 왕이라는 솔로몬 역시 '네가 사랑하는 아내와 함께 즐겁게 살지어다. 그것이 네가 평생에 태양 아래에서 수고하고 얻은 네 몫 이니라' 했다니, 아마도 진실 된 부부간 사랑보다 더 높은 신의 뜻은 없을 듯하다.

6) 폴 모리스 감독의 1999년 영국 영화. 20세기초반 영국 남부 지방의 유대인 솔로몬(Solomon)과 기독교인 개너(Gaenor)의 사랑은 종교적 편견으로 인해 비극으로 치닫는다.

7. 향 수

내가 짜장면을 언제 처음 먹어봤는지 기억이 나지 않는다. 누구나 가난했던 1960, 70년대 시절, 국수나 수제비가 아닌 밥을 주식으로 먹었다는 것만으로도 행운이었다. 국민 학교 3학년이던 1972년, 도시락으로 밀가루범벅을 싸왔던 옆자리 덕순이의 네모난 양은 도시락도 또렷이 기억난다.

그런 어린 시절 짜장면을 교실로 배달시키는 엄마가 있었다. 담임선생님과 자기 딸만을 위해 교실로 배달된 짜장면 냄새는 어린 우리들에게 고문이었다. 코로 맡던 짜장면과 입으로 들어가던 도시락 속 짠지 맛이 뒤섞여, 나는 뱃속으로 무엇이 들어가는지 몰랐다.

졸업이나 생일, 일등을 하거나 장학금을 탔다고 해도 특별히 어린 시절 외식을 한 기억이 없다. 고등학교 일 학년 때 친구 집에서 식모언니가 부엌 연탄아궁이 위에서 돼지고기를 튀겼다. 아마 그것이 내가 처음맛본 요즘말로 "찍먹(찍어먹는)" 탕수육이었을 것이다. 그 당시 우리 동네에는 '거북당'이라는 동네빵집이 있었는데, 나에게는 그 빵을 맛볼 일도 없었다. 동인천 시내에 있던 '크라운 베이커리'라는 근사한 이름의 빵집의 소시지 빵을 처음 먹어본 것도 대학교 일 학년 때 친구 집이었다.

가난했어도 요리를 잘했던 친정 엄마 덕에, 나는 어린 시절 끊임없이 엄마의 수제 간식을 먹었다. 김치부침개, 호떡, 꽈배기, 찐빵, 술빵……

논산출신인 친정엄마가 1962년 결혼 후 공주 시댁으로 왔을 때, 사람들은 친정엄마를 "용이 엄마"라고 불렀다. 친정엄마는 용이 엄마 자리에 속아서 후처로 시집온 줄 생각했다. 알고 보니 할아버지가 얼마 전 태어난 조카의 이름을 지어오며, 결혼을 앞둔 아버지가 아들을 낳길 바라며 미리 지어온 이름이었다.

시댁 어른들의 준비도 헛되이, 엄마는 첫딸을 낳았다. 딸을 낳고도 미역국을 먹느냐는 소리를 듣고, 출산 삼 일만에 엄마는 손수 밥을 지어먹으러 부엌으로 나왔다. 할머니가 출산 준비물로 해준 기저귀는 단 두개였다. 시집올 때 개짐(면 생리대)으로 쓰라고 외할머니가 옷장 밑바닥에 넣어준 소창을 꺼내 엄마는 나의 기저귀를 만들었다.

나는 밤낮이 바뀌어 낮엔 자고 밤에는 눕기를 거부하며 울었다. 낮일로 고단한 엄마는 우는 아이를 업고 밤새 마당을 돌다가 굴뚝에 기대 졸았다. 아침이 밝아오면 나는 잠들고, 엄마는 부엌으로 나갔다. 할머니도 할아버지도 두 명의 고모도 아버지조차도 엄마를 위해 아기를 봐주지 않았다. 내가 울면 시끄럽다고 아버지는 나의 머리 꼭대기까지 이불을 덮어 씌어 버렸다.

어느 날 엄마는 잠을 못 자는 게 너무 힘들어서 나를 뉘어놓고 도망가려고 나왔다. 귓가에 쟁쟁거리는 아기울음소리가 들리는듯하여, 엄마는 차마 도망가지 못했다. 태어난 지 삼칠일이 지나 찾아온 외할머니가 지어준 나의 이름은, 그 후 일 년이 지나서야 호적에 올랐다.

다행이 엄마는 둘째로 "용이"를 낳았다. 용이만 업고 나를 공주 할머니 손에 남겨둔 채, 엄마는 직장을 구하려는 아버지를 따라 인천으로 왔다. 아버지가 직장을 찾고 셋방을 구한 후 데려온 나는 엄마를 "고모"라 불러 사람들의 의심을 샀다. 엄마와 헤어져있던 나는 엄마라는 말보다 고모라는 말이 더 익숙해져 있었다.

어린 시절 먹을 것을 탐하기엔 너무 먹을 게 없었고, 뛰놀기엔 전세 단칸 방이 너무 좁았다. 간신히 아버지에게 한글 자모를 배우고 1970년 나는 국민 학교에 들어갔다. 77번 학생까지 있던 교실은 콩나물시루 같았다. 촌지와 엄마들의 치마 바람도 다반사였다. 교실 환경미화 심사 때마다 반장엄마는 선생님 교탁보와 교실의 커튼을 바꾸었다. 국민 학교 4학년 때, 우리는 학급비를 걷어 교실에 꽃을 꽂고 금붕어를 샀다. 수업이 끝나면 선생님이 교실에서 돈을 받고 과외 수업을 한다는 걸 국민 학교 5학년 때 알았다. 나는 돈이 없어 과외수업을 받지 못했다. 육성회 모임도, 공개수업에도, 소풍 때도 엄마는 학교에 오지 않았다. 새 학년이 되어도, 한 학년이 끝나도 엄마는 오지 않았다. 학교에 간다고 맛있는 도시락도, 예쁘게 머리를 땋아주지도 않았다. 엄마 등엔 언제나 동생이 매달려 있었다.

1971년 국민 학교 2학년시절, 공부 잘하던 나를 눈 여겨 본건 키 큰 남자 담임선생님이었다. 무용반에도 글짓기 대회에도 나가라고 추천해 주었다. 그러나 나는 우리 반에서 시험이 끝날 때 마다, 반 아이들의 시험지 뭉텅이를 집으로 들고 와야 했다. 빨간 색연필로 채점을 해가야 했기 때문이었다. 구구단을 익히기도 전, 점수를 매기는 일이 나에게는 어렵기만 했다.

국민 학교 3학년부터 교실 안에 학급문고가 생겼다. 교실 맨 뒤쪽 벽에 설치된 책장에 100권씩의 책이 배분되었다. 나는 한 학년이 끝날 때까지 그 책들을 거의 다 빌려 읽었다. 학년이 바뀌면 학급문고도 바뀌었다.

동화나 옛날 이야기위주의 낱권짜리 학급문고와 달리, 피아노 선생님 집에는 세계명작동화집이 있었다. 나는 앞사람이 피아노를 치는 동안 끝나기를 기다리며, 책을 꺼내 읽었다. 피아노 선생님이 책을 빌려가서 읽도록 허락해 주었다. 그 바람에 나는 “비밀의 화원”, “빨간 머리 앤”, “엄마 찾아 삼만리”, “소공녀” 등을 읽을 수 있었다. 소녀시절의 슬픔과 꿈을 불러 일으켰던 동화들이었다. 가끔 장기자랑 시간이 되면 나는 반 아이들 앞에 나와 내가 아는 재미있는 이야기를 들려주었다. 책을 많이 읽다보니, 글짓기는 어느새 국민학교 시절 나의 특기가 되었다.

중학교에는 도서관이 있었다. 나는 늘 특활시간에 도서반에 들어가 책을 읽고, 독후감을 쓰고, 교지나 학교신문에 글을 썼다. CBS 라디오 방송국에서 열리는 '명랑 백일장'에서 수상도 했다. 그 즈음 엄마는 월부 판매원에게서 세계문학전집을 샀다. 우리 네 남매가 모두 학생이었으므로 큰맘 먹고, 아니면 책 외판원의 수완에 넘어갔던지, 글도 제대로 못 읽던 엄마가 그 책을 사준 것은 의외였다. 그러나 그 전집은 어린학생들을 위한 요약본 세계문학이었다. 어쨌거나 나는 세계문학을 맛볼 수 있었다.

고등학교시절부터 나는 문고판 책을 사 모으기 시작했다. 그 당시 150원 정도였던 책값은 차츰 올라 400원이 넘었던 걸로 기억된다. 어쩌다 용돈이 생기면 읽고 싶은 문고판 책을 한권씩 샀다. 책 명성에 비해 가격이 저렴해서 책을 소장하고 싶어 하는 나의 욕구를 충족시켰다. 활자가 세로로 찍힌 것만 빼면, 작은 책은 들고 읽기에 편했다. 나중에 커서 다시 읽었을 때, 나는 의미가 제대로 통하지 않는 번역본이 많았다는 걸 알았다. 그리고 그 시절 내가 뭘 이해하며 읽었을까하는 생각이 들었다.

정기적인 용돈을 받아 읽고 싶은 책을 더 사보길 희망했던 나와 달리, 엄마는 학창시절 내내 용돈 한번 주지 않았다. 그 대신 나를 위한 냄비를 사서 꽁꽁 싸맨 후, 다락에 올려 두었다. 시집갈 때 줄 거라며.

영문학을 전공하게 되면서 나는 영미 소설에 심취했다. 친구 집에 있던 문학전집에서 토마스 하아디의 "테스"와 "귀향"을 빌려 읽었다. 외삼촌 집에 "대망"이 있는 걸 알고, 서너 차례 오가며 그 책을 빌려다 읽었다.

책을 읽으면 꼭 독서록을 기록하던 습관은 대학시절이후 차츰 귀찮아졌다. 그러다보니 나는 읽었던 책을 또 사는 경우도 생겼다.

1988년 가을부터 독일어를 배우기 시작하면서, 나는 독일어를 익히기 위해 독일어 소설책을 읽기 시작했다. 초보의 실력으로 문고판 한 페이지를 읽는데 한 시간이나 걸렸다.

독일어 실력은 차츰 늘었으나 아이 둘을 낳고나니 집중력이 떨어지기 시작했다. 독일어는 커녕 한국어 소설조차 한 페이지를 집중해 읽기 어려워졌다. 항상 온 신경이 두 아이에게로 뻗어있었다. 책을 이해하기는커녕 활자조차 눈에 들어오지 않았다. 점점 멍청해지는 기분이 드는 시기였다.

아이 둘을 키우면서부터 나는 아이들을 위해 동화책을 읽어주기 시작했다. 아이들을 위해 동화책을 사고, 아이들을 데리고 서점에 갔다. 그때부터 내 책은 묶어서 쌓아두고, 아이들 책이 책꽂이를 차지하기 시작했다.

2010년 아파트 단지 안으로 매주 한 번씩 이동도서관이 온다는 것을 알았다. 그간 우리나라가 많이 발전했다는 것에 나는 감탄했다. 나 같은 아줌마나 백수 아저씨들에게 그 도서관은 인기였다. 나는 시립도서관 대출증을 만들고 매주 책을 빌렸다. 예전과 달리 도서관에서는 도서대출 뿐 아니라 다양한 프로그램이 운영되고 있었다. 우연히 도서관에서 보게 된 영화 '물랑루즈(니콜 키드먼 주연의 2001년 영화)'의 매력에 나는 흠뻑 빠졌었다.

체험학습이라고는 일 년에 두 번 소풍밖에 없던 학창시절, 여행이라고는 수학여행밖에 못해보던 시절, 여유라고는 밥 먹는 것 밖에 없던 시절. 그 시절 책은 나에게 크나큰 체험이고 여행지이고 위안이었다. 그 안에서 찾은 새로운 이야기들은 도시락에 짠지 반찬만을 싸가도, 예쁜 옷에 양 갈래 땋은 머리를 하지 않아도, 엄마가 치마 바람을 일으키지 않아도 나를 지켜주는 힘이 되었다.

시스템 창호도, 바닥 난방도 없던 시절, 덧버선과 이불로 중무장하고도 추웠던 겨울 대청 마루. 모두가 잠든 방에서 나와 앉아 책을 읽다보면 온몸이 얼었다. 부엌 부뚜막에는 연탄 아궁이 위에 물솥이 올려 있었다. 부뚜막 참에 앉아 끓는 물솥 뚜껑위에 발을 올리고 나는 책을 읽었다. 책은 고통이나 외로움을 이기는 나만의 방법이었다.

이사 때 마다 우리 집엔 호화 가구나 대형 전자제품은 없고 책장만 열개가 넘었다. 이삿짐 센터 사람들은 무겁다고 불평을 늘어놨다. 이사 때 마다 손때 묻은 나의 예전 책, 어린 시절 아이들의 추억이 담긴 책, 다시 보지 않을 것 같은 남편의 책을 조금씩 버렸지만, 버린 만큼 책은 여전히 늘어나고 있다.

요즘도 나는 가끔 집 앞 도서관에 나간다. 자료실에서 잡지도 보고 책도 빌린다. 열람실에는 시험공부를 하는 젊은이들이 많지만, 자료실에는 나이든 사람들이 많다. 헛기침 소리, 책장 넘기는 소리, 가끔은 휴대폰 통화소리로 자료실은 조금 소란스럽다. 그래도 나이 들어 도서관에서 자리를 지키고 앉아있는 사람들을 보면, 나는 쾌쾌한 노인 냄새 대신 은은한 향을 맡는다.

7) 파트리크 쥐스킨트의 소설 '향수(Das Parfum)'를 원작으로 한 2006년 독일영화. 18세기 프랑스를 배경으로 사생아로 태어나 버림 받고 천대받으며 살아가는 한 남자가 천재적인 후각으로 완벽한 향수를 제조하려한다. 사랑받지 못하고 사랑할 줄 모르는 남자 이야기.

8. 지금은 통화 중

연애 시절, 남편과 공중전화 부스 안에서 키스하던 기억이 떠오른다. 그 날도 비가 왔었나? 아마 '열혈남아(왕가위 감독, 1988년 영화)' 장면만큼이나 강렬했었지?

결혼 전, 남편은 다니던 회사를 그만두고 유학 준비 중이었다. 점심시간이면 여전히 직장을 다니고 있던 내 사무실로 전화를 했다. 그리고 수화기를 전축에 갖다 대고 수화기 너머로 음악을 들려주었다. 클래식 음반을 틀어놓았거나 가끔은 그 당시 유행하던 가수 '해바라기'의 노래도 들려주었다.

결혼식후 보름 만에 남편은 유학을 떠났고, 나는 친정에서 직장을 다니고 있었다. 매주 토요일이면 남편은 내게 전화를 했다. 신혼부부인 우리는 잠깐의 국제전화로 안부를 전하며 그리움을 달랬다. 그 사실을 아는 시아버지는 일요일 아침 여덟 시면 매주 친정으로 전화를 했다. 1988년 당시 친정에는 전화기 한 대가 안방에 있었다. 매번 안사돈인 친정 엄마가 전화를 받아 바꿔주었다. 시아버지는 아랑곳하지 않았고, 당신 아들의 소식이 궁금할 뿐이었다. 남편과 무슨 얘기를 했는지 꼬치꼬치 묻는 것이 나는 의아했다. 아무리 아들이지만 결혼한 아들부부간 대화 아닌가. 용건이라 하기도 뭐한 남편과의 전화통화 내용을 나는 뭐라 설명할 수도 없었다. "잘 지낸대요"라는 한

마디에 안도의 함박웃음을 쏟아내는 시아버지의 목소리를 듣느라, 나는 직장인 최고의 휴식인 일요일 늦잠을 매번 포기해야했다.

남편과의 로맨틱함 그리고 함께 할 수 없는 애틋함을 전하는 그 전화기가 싫어지기 시작한 것이 바로 그때부터였다. 나는 시아버지를 통해 내가 알던 전화의 단점을 고스란히 경험하게 되었다. 전화는 상대방의 상황을 고려하지 않는다. 전화 거는 사람이 원하는 시간에 일방적으로 하기 때문이다. 그래서 나는 전화의 즉시적인 편의성은 업무용에 더 가깝다고 생각한다. 그런데 시아버지는 일방적인 전화의 편의성에 아주 매료된 분이셨다.

남편은 독일의 학생기숙사에 머물며 공동 전화기를 사용했다. 외국어를 못하는 시아버지가 직접 전화를 걸기는 힘들었을 것이다. 그러나 친정에 머무는 며느리에게 일요일 아침마다 아들의 안부를 확인하는 시아버지의 행동에 온 친정 식구는 혀를 내두를 지경이었다. 시아버지는 매번 전화를 먼저 받아 건네는 안사돈에 대한 어색함도 없었다. 일요일마다 늦잠을 자다 깬 며느리에 대한 미안함도 없었다. 당신의 궁금증은 즉시 풀어야 하는 성격 탓에, 내가 소식을 전해줄때까지 기다리지도 않았다.

내가 독일로 가서 남편과 함께 살게 되면서 우리는 개인 전화기를 설치했다. 그리고 매주 한국의 시부모님과 주말에 전화통화를 하게 되었다. 한 주는 우리가, 한 주는 시부모님이 번갈아 전화를 걸었다.

어느 일요일 아침, 시어머니가 독일로 전화를 했다. 자다 깬 남편이 전화를 받자, 잠긴 목소리를 들은 시어머니가 자다 일어났냐고 묻는 거 같았다. 그 때 남편의 대답은 우리 부부 사이의 어록으로 존재하게 되었다. “아뇨, 에미(어미)만요.” 나는 순간적으로 내뱉는 남편의 그 말을 들었다. ‘아, 저 남자는 삶이 곤란하거나 위험한 순간에 본능적으로 자신만 모면 하려 하겠구나!

그리고 책임은 나에게 떠넘기려 하겠지?'

그 때의 내 느낌은 정확했다. 시부모님뿐 아니라 남에게 늘 완벽한 사람으로 보이고 싶어 했던 남편은, 곤란한 상황에서 우리 둘을 위해 문제를 해결하려 나서기 보다는, 상황을 회피하면서 상대에게 자신만 잘 보이려했기 때문이었다.

두 아이를 친정에 맡기고 학원 강사를 하던 시절, 나는 가끔 자동응답기에 녹음된 시아버지의 목소리를 들을 수 있었다. 당신이 원하는 시간에, 당신이 원하는 답을 듣지 못하는 시아버지는 자동응답기에 이렇게 녹음을 했다. "아유, 신경질 나." 나는 그야말로 전화기를 창고에 쳐 박아 두고 싶은 '이브(영화 '지금은 통화 중'의 여주인공)'의 심정이었다.

남편이 귀국한 후에도 시아버지는 전화로 자식들의 상태를 확인했다. 그리고 당신이 생각하는 질서 속에 모든 것이 잘 돌아가고 있다고 안도하는 듯했다. 돌아가실 때까지 시아버지는 당신이 정한 시간에 자식에게 전화하는 것이 규칙이었다. 전화 받는 사람의 상태를 파악하려는 섬세함은 없었지만, 당신의 상태는 목소리 하나로 표현하는 분이셨다. 나는 전화 목소리만으로도 조울증 같았던 시아버지의 기분을 명확히 알아차릴 수 있었다.

가끔 시부모님은 직장에 있는 남편에게 전화를 했다. 퇴근 한 남편이 시부모님이 직장으로 전화를 했다는 말을 처음 들었을 때 나는 깜짝 놀랐다. "집에 무슨 일 있어?" 그러나 목소리가 듣고 싶다거나 궁금하다는 게 그 이유였다. 내가 직장생활을 하는 동안 친정 부모님은 한 번도 직장으로 전화를 한 적이 없었다. 그 시간은 직장에 매인 시간이라고 생각하셨다. 집안 식구끼리 가내 업을 해오던 시댁 식구의 특성상, 일터와 가정을 구분하지 못하는 것은 아닐까하는 생각이 들었다.

2003년 11월 시아버님이 돌아가시고 일주일에 한번 하던 시댁과의 전화 통화는 두 번으로 늘어났다. 홀로 남은 시어머니를 위해 남편은 주중에 안부 전화를 한 번 더 했다. 그 후 첫째 형님 내외가 대전으로 이사를 하게 되자, 남편은 혼자 남게 된 시어머니에게 매일 전화를 하게 되었다. 시어머니는 친구도 없고 이웃과의 친분도 없이 지내는 분이었다. 남편의 전화는 유일한 시어머니의 대화시간이었다. 남편은 운전을 하다가도 고속도로 휴게소에 들러, 시어머니에게 전화를 했다. 시어머니 역시 시아버지와 닮은 구석이 있었다. 온 도시를 돌며 바빠하는 남편의 입장은 아랑곳하지 않았다. "에고, 그렇게 바빠서 어쩌냐?" 말은 그래도 매일 받는 전화가 당연하다고 생각했다. 너무 바쁜 남편이 어쩌다 하루 이틀 전화를 거르는 날이라도 있으면, "너마저 그러냐?"는 말로 당신의 약점을 내보였다. 평생 시어머니에게 안부전화 한번 안하는 둘째 아들의 속죄양이 남편이었다.

두 달에 한번 정도 시어머니가 나에게 전화를 할 때가 있었다. 이틀 연속 남편이 전화를 받지 않는 드문 경우였다. 남편이 공교롭게도 회의 중이거나 지방출장중일 경우였다. 내가 전화를 받으면, 시어머니의 첫마디는, 늘 "애비(아비) 없냐?"였다. 한 두 달 만에 통화하게 된 며느리 보다, 이틀 통화 못한 당신의 아들이 못내 궁금할 뿐이었다. 그 말을 들을 때마다 나는 결혼한지 30년이 흘러도, 시어머니의 나이가 90이 가까워도 고부간의 간극은 여전히 좁혀지지 않는다는 생각이 들었다. 오랜만에 손주들과 통화를 해도 시어머니의 마지막 말은 늘, "아빠한테 전화 왔다고 전해라"였다.

나는 홀로 남은 시어머니에게 안부전화를 하지 않는다. 남편은 내가 시어머니에게 안부전화를 하지 않는 것을 서운하게 생각하다 못해 포기했다. 내가 시어머니에게 전화를 하지 않는 것은 남편이 매일 또는 하루에 두 번씩도 전화를 하는 이유도 있지만, 전화를 안 하기 시작한 계기가 있다.

남편이 유학을 마치고 한국에 돌아온 후에도, 시부모님은 매주 한차례씩 전화를 했다. 수화기를 붙잡고 통화를 주도하는 것은 물론 남편이었다. 그 후 남편이 핸드폰을 갖게 되자 시어머니는 심지어 명절에 언제 내려 오냐를 묻는 것조차 직장에 있는 남편에게 전화를 해서 확인했다. 남편은 “제 스케줄은 집사람이 잘 아니, 집사람과 상의해 보세요”라든가, “집안일로 근무 중인 직장으로 전화하지 마세요”라는 말은 하지 않았다. 시댁의 소통창구는 여전히 남편이었고, 나는 남편과 결혼한 여자로서 남편에게 전해 듣는 형국이 되었다.

그러던 중 시어머니가 목소리 들은 지가 오래 되었다며, 집에 있는 나에게 전화를 한 적이 있었다. 이런저런 용건 없는 수다로 통화를 했다. 며칠 후, 남편과 대화 중에 시어머니와 통화한 이야기를 꺼내자 남편은 화를 냈다. 왜 전화 왔었다는 말을 하지 않았냐는 것이다. 나는 너무 어이가 없었다. 특별히 남편에게 전해야할 용건이 있는 통화도 아니었고, 오랜만에 목소리 좀 듣자고 고부 사이에 수다 떤 통화였기에 나는 그냥 잊고 있었던 것이다. 그러나 남편은 시댁에서 전화를 하는 것은 자신과 통화하려는 것이지 나와 통화 하려는 것이 아니라고 했다. 그러면서 아무리 사소한 것도 자기에게 말해야한다는 것이었다. 나는 ‘일심동체’와 ‘이제는 시댁 귀신’이라는 것을 주장하는 남편이 시댁과 나를 구분 짓는 것이 불쾌했다.

결혼 후 시댁과 나 사이에서 서로 적응 하도록 중재해야 할 남편은, 유학 때문에 10여년도 넘게 그 역할을 하지 못했다. 그런데 이제는 그 간격을 좁혀 주려는 게 아니라, 유학하는 동안 시댁에 경제적으로 의존했던 자신의 부담감을 덜려고만 하는 것이 기가 막혔다. 그 후 나는 시댁 일에 일절 간여하고 싶지 않았고, 전화도 하고 싶지 않았다. 남편은 시댁에 관한 일이라면 무엇이든 나서서, 자신이 혼자 다 해결할 듯 굴었기 때문이었다.

'안부'가 아니라 '위치추적 장치'라도 달아놓은 듯 상대방의 일거수일투족을 꼬치꼬치 캐묻는 남편 집안의 전화 통화 방식도 나는 별로 좋아하지 않았다.

노후의 외로움을 한 줄의 전화선에 의지하며 사는 시어머니를 볼 때마다, 나는 내 노후를 생각해 본다. 어쩌다 전화 통화할 사람이 세상에 아들밖에 없는 사람이 되었을까? 그 외로움의 무게를 감당해줘야 하는 아들의 입장은 생각하지 못할 만큼, 나이는 현명함보다는 이기심의 편이 되는 걸까? 시차를 무시한 채 새벽에 미국에서 불쑥 걸려오는 둘째 아들의 전화를, 꾸중대신 반가움으로 받아야할 만큼 노년에는 자식의 애정을 구걸해야만 하는 걸까?

오늘도 연애하듯 시어머니와 수다를 떠는 남편을 바라본다. '그래, 돌아가신 시아버지가 15년 가까이 전화 한통 없는 걸 보면, 천국에도 전화는 없는 거야. 살아생전 당신이라도 열심히 전화해.'

남편은 가끔 숙박을 겸한 세미나나 워크숍을 간다. 주변에 호기심이 많은 남편은 밤늦게나 아침 일찍 혼자 산보를 나선다. 그리고 내게 전화를 걸어 핸드폰 너머로 계곡물 소리나 파도 소리를 들려준다.

8) 멕 라이언 주연의 2000년 영화. 자매들의 푸념과 자랑 전화 그리고 괴팍하고 병든 아버지의 전화까지 끊이지 않는 둘째딸 이브. 전화로 이어지는 가족 간의 갈등과 화해를 담았다.

9. 흐르는 강물처럼

“첩이 센스가 없군. 조강지처가 사준거랑 똑같은 걸로 갈아입혀 보내야 들키지 않을 텐데.”

아이들 교육 때문에 2016년 초까지 우리가족의 주 생활지는 서울이었다. 그리고 나는 한두 달에 한번 정도 남편이 머무는 전주에 내려왔다. 그때마다 옷장에는 매번 못 보던 남편의 속옷이 몇 벌씩 눈에 띄었다.

내가 없는 사이 남편은 군산에 홀로 사시는 시어머니에게 가서 가끔 자고 왔다. 남편이 며칠씩 전화나 문자가 없이 조용하면, 서울의 아이들과 나는 “또 할머니 집에 갔나 보다”라고 이야기 할 정도였다. 남편은 가능하면 한 달에 한 번씩 홀어머니를 찾아갔다. 그러나 효심이 보이는 행동과 달리 남편은 계획된 방문임에도 불구하고, 자신의 속옷과 세면도구를 챙겨가지 않았다. 그리고 80이 넘은 노모에게 늘 속옷을 벗어놓고, 시어머니가 준비해둔 새 속옷을 입고 왔다.

그러는 것이 막내의 특권인양, 아니면 어머니에 대한 친밀감의 표시인양 했다. 극구만류에도 불구하고 어린 조카들도 하지 않는 행동을 남편은 매번 아무렇지 않게 하고 다녔다. 아마 내가 친정에 속옷을 한번이라도 벗어 놓고 왔다면, 남편은 아직도 엄마그늘아래 있는 줄 아냐고 비아냥거렸을 것이다. 나는 남편의 성숙치 못한 행동뿐 아니라, 부인과 떨어져 지내는 아들의 속옷을 매번 갈아입혀 보내는 시어머니의 사고방식도 이해할 수 없었다. 남편이 집안 형제 중 막내라는 사실은 남편이 환갑이 될 때까지도 늘 상식외의 대우를 받게 하는 듯 싶었다.

남편은 네 형제 중 막내다. 남편과 열 살 차이가 나는 첫째 시아주버니는 우리의 결혼 초, 막내들은 "막내 근성(=거지 근성)"이 있다며 막내들을 조롱했다. 나는 그 말이 유학비용을 시댁에 의존하고 있던 남편에 대한 비하표현이라 생각했다. 조용조용한 말투며 진지한 성품이 돋보였던 남편이 나에게는 나이만 많은 게 아니라 어른스럽게 보였기 때문이었다. 나는 맏딸이지만 맏이의 의무나 도리를 느낄 사이도 없이 결혼을 했다. 그래서 형제 서열에 의한 태도 차이를 크게 느끼지 못했다. 물론 나이 50 중반의 지금도 내 삶에 허덕이느라, 부모는 남동생이 그리고 모든 딸 노릇은 막내 여동생이 하고 있는 처지다. 그래서 나는 지금도 막내라는 단어에 특별히 부정적인 의미를 두고 있지 않다.

그러나 내가 결혼 생활을 하면서 남편이 확실히 '막내가 맞다'고 느낄 때가 있었다. 그것은 눈앞의 사랑하는 아내도 제쳐버리는 남편의 식탐이었다. 데이트 시절 음식을 내 앞에서 깨작깨작 먹던 남편은, 결혼 후 밥상 앞에 앉으면 날름 쇠고기 장조림부터 집어먹었다. 그리고 먹을 것이 세 개면, 당연히 두개는 자기 것이라고 생각했다. 치킨을 남편과 단둘이 먹다가 보면 어느새 길쭉한 닭 정강이뼈가 남편 앞 접시위에 두개 모두 올라 있었다. 치킨의 다리는 닭의 전부라 해도 지나치지 않는다는 것을 모른단 말인가?

심지어 남편은 맛있는 음식이 조금밖에 없으면 일단 자신이 다 먹고, 아이들은 나중에 다시 해주라는 식이었다. 이런 부성애를 봤나! 물론 먹을 걸 좋아하다보니 밖에서 들어올 때마다 거의 매번 먹을 것을 사들고 왔다. 아이들이 먹고 싶다는 건 뭐든지 사줬고, 내가 못 먹게 하는 삼겹살을 먹으려고 아이들을 부추기기도 했다. 그럴 때면 나는 밥하는 수고를 덜고 외식을 나가거나, 배달을 시키기도 하고, 삼겹살을 구워야하는 고역을 치르기도 했다.

남편은 막내인 덕에 사립국민학교도 다녔다. 그러나 나는 그 비싼 사립학교를 왜 보냈을까하는 생각이 든다. 남편은 국민 학교에서 당연히 배웠음직한 것들이 몸에 배어있지 않기 때문이다. 남편에게는 전기, 수돗물, 비누, 치약, 종이를 아껴 쓴다는 개념이 없다. 양칫물은 남들 세숫물만큼, 세숫물은 남들 샤워할 물만큼, 샤워할 물은 호수 하나를 파도 될 만큼 쓴다. 귀국한 남편과 함께 살기 시작했을 때, 수도 계량기 검침원이 수도관 누수가 의심된다고 한 적도 있다.

남편은 막내여서 자라면서 혜택뿐 아니라 피해도 봤다. 대부분은 옷을 물려 입는 것을 상상하겠지만, 남편은 어려서부터 셋째 형보다 키가 컸기에 옷을 물려받지는 않았다. 형과 똑같은 크기의 새 옷을 입었다. 피해라면 군대 면회를 식구들이 자주 오지 않았다는 것이다. 강원도 고성에서 군대생활을 한 남편은 부모님이 두 번, 첫째 형과 셋째 형이 한 번씩 군대에 면회 왔다고 했다. 이미 세 아들을 군대에 보낸 경험이 있던 시부모님은 막내였던 남편에게 별 신경을 쓰지 않았다. 험악했던 1980년대 초반 시절 남편은 가혹한 군대생활을 했다. 찬합 층층이 맛있는 음식을 가득 채워 면회 올 부모님을 남편은 학수고대했을 것이다.

남편의 행동을 막내 특성이라 본다면, 남편의 형제들은 서열 간 특징이 두드러진 편이라고 할 수 있을 것이다. 어린 시절 첫째 형과 둘째 형 간의 치열했던 두 번의 싸움을 남편은 기억했다. 남편 자신도 셋째 형과의 중학생 시절 싸웠던 기억을 이야기 한 적이 있다. 자라면서 형제간 서열에 의한 자존심 싸움이 컸던 것 같다. 네 남매로 이루어진 친정의 형제자매들과 달리 네 형제로만 이루어졌기 때문일지도 모른다. 남편형제간 서열은 성인이 된 후에도 형제들이 남편을 대하는 태도에도 나타났다. 남편에게 첫째 형은 늘 아버지 같았고, 둘째형은 늘 남보다 못했으며, 셋째형은 늘 친구 같았다.

국민 학교시절 남편은 서울에서 대학을 다녔던 첫째 형에게 야구 배트와 글러브를 사오라고 편지를 썼다고 했다. 그러나 방학을 맞아 고향 집에 내려온 큰 형은 빈손이었다. 실망한 어린 남편은 그 후부터 야구대신 축구만 했다. 그러나 어린 시절과 달리, 남편에게 첫째형은 점차 아버지를 대신 한 사람이 되었다.

결혼 초, 셋째 시아주버니는 해외근무를 위한 연수중이거나 해외근무를 나갔고, 넷째인 남편은 유학을 갔다. 신혼인 셋째 형님과 나는 한동안 남편 없이 지낼 때가 있었다. 그 당시 시댁을 방문할 때마다 우리는 소위 '새마을 교육'이라 부르던, 첫째 시아주버니와의 대화 시간이 있었다. 일방적으로 잔소리를 듣는 경우가 많았지만, 나는 남편 없이 시댁에 온 제수씨들에 대한 아주버니의 배려라는 생각을 했다. 시부모님이 60대의 젊은 편이었지만, 며느리들과 대화를 하기에는 소통능력이 부족한 분들이었다. 그 자리를 대신했던 첫째 시아주버니의 노력은 갓 결혼한 나에게 시댁 집안과 군산 지역을 이해하는데 도움을 주었다.

그 후 1991년 첫째 시아주버니는 미국 둘째 시아주버니 집에 들렀다가 독일의 우리 부부를 방문했다. 그때 아주버니는 믹서기를 선물로 사가지고 왔다. 220볼트였던 독일과 달리 110볼트였던 미국산 제품은 사실 우리에게 무용지물이 되었다. 그러나 외국에서 신혼살림을 하는 동생네를 살피던 그 마음은 기억되었다. 한국으로 돌아가면서 아주버니는 입고 왔던 겨울점퍼를 남편에게 벗어주고 갔다. 해외여행을 위해 큰형님이 새로 사 입혀 보냈을 법한 옷이었다. 코트 없이 다닌다고 늘 안쓰럽게 생각하던 독일친구들의 시선과 달리, 그 옷은 남편의 유일한 겨울 외투였다. 도서관에서 벗어놓은걸 누가 훔쳐갈 때까지.

남편이 유학을 마치기전부터 시댁의 가업이던 수산업이 기울기 시작했다. 그 후 첫째 시아주버니는 혹독한 경제적으로 어려움을 겪었다. 그럼에도 불구하고 남편이 귀국 후 대중교통을 이용하여 이리저리 다니며 시간강사 하는 것을 안타까워하였다. 남편이 세종시에 정기적으로 가야할 일이 생긴 2014년 8월에야 우리는 겨우 중고차를 사게 되었다. 그 차를 처음 타보게 된 시아주버니는 주유소에 들러 3만원어치 주유를 해주었다. 우리 부부는 시아주버니의 그 행동에 자동차를 선물 받은 것보다 더 큰 감동을 받았다. 남편이 학회 회장으로 선출되면 첫째 시아주버니는 잊지 않고 선물을 했다. 누군가에게는 중요한 순간이지만 그 순간에 상대방에게 축하의 표현을 한다는 것은 살면서 정말 쉽지 않은 일일 것이다.

월급쟁이였던 아버지 덕에 어려운 집안의 맏딸이었지만 나는 그냥 공부만 했다. 그러나 첫째 시아주버니는 사업을 하는 시아버지 밑에서 일찍부터 사업의 흥망성쇠를 겪으며 가족에 대한 책임의식을 깨우쳤던 것 같다. "남자라면 모름지기 열 식구는 먹여 살려야 한다"는 첫째 시아주버니의 말을 나는 결혼 초부터 들었다. 과장이나 허풍이라고만 생각했던 그 말은 가족에 대한 맏이로서의 책임의식이 아니었나 싶다. 퉁명스럽고 거친 표현으로 자상한 느낌을 받을 수 없었던 첫째시아주버니의 속 깊은 행동에 우리 부부는 매번 놀랐다. 반면에 막내인 남편은 늘 "말이 화려한 사람"이었다.

결혼 초부터 나는 첫째 시아주버니 부부를 늘 눈 여겨 보았다. 대학을 나온 부부가 가정을 이루고 사는 모습을 가까이서 관찰하면서, 나의 10년 후를 예측해 볼 수 있는 유일한 대상이었기 때문이었다. 내가 결혼했을 당시 30대중반의 형님과 갓 40세의 시아주버니는 커가는 아이들을 자랑스러워하며 교육에 열심이었다. 형님은 홈드레스를 입고 머리에는 핀을 꽂고 빨간 립스틱을 즐겨 발랐다. 집안에는 꽃을 꽂고, 예쁘게 과일을 깎아 남편의 술 시중드는 것도 기꺼워하였다. 40대에 이르자 시부모와의 갈등도 깊어지고 삶에도 지쳐가는 모습이 보였다. 50대에는 사업 실패와 재기의 노력 그리고 건강 악화로 힘든 시기가 찾아왔다. 60대 이후부터 다시 삶의 여유도 찾고 취미, 종교, 봉사에도 눈을 돌리는 것 같았다. 그리고 여유시간, 약간의 외로움, 아직 미혼인 자녀들에 대한 걱정 사이를 오가며 지내는 듯 보인다.

친정아버지께서 이런 말씀을 하신 적이 있다. "부부는 의복과 같고, 형제는 수족과 같다." 나는 스스로 선택한 부부의 인연을 함부로 벗어 던질 수 있는 옷에 비유하는 아버지의 말이 거슬렸다. 그러나 선택 없이 강제로 맺어진 인연이지만, 수족처럼 떼버릴 수 없는 불가항력적인 우애를 우리는 어느 집에서나 한명씩은 본다. 그래도 여전히 형제이기에.

9) 브래드 피트 주연의 1992년 영화. 1900년대 초 몬태나 주의 한 목사와 그 두 아들의 이야기를 플라잉낚시와 아름다운 자연에 담았다. 완전히 이해할 수는 없지만 사랑할 수밖에 없는 가족의 의미를 이야기 한다.

10. 아들과 연인

남편은 D. H. 로렌스의 소설 “채털리 부인의 사랑”을 자주 이야기 한다. 재수시절 그 소설을 읽었다고 했다. 육체적 사랑의 기쁨을 묘사한 그 소설에 젊은 시절 반하지 않을 사람은 없었을 것이다. 그러나 나에게 에로틱 소설의 최고는 “달콤 쌉싸름한 초콜릿(라우라 에스키벨, 민음사, 2004)”이다. 말이나 글로는 표현할 수없는 사랑의 감정과 육체의 변화를 요리과정에 비유하며 환상적으로 묘사하지 않았나 싶다.

사실 상상력이 더 풍부했을 것 같던 젊은 시절에 나는 오히려 남미 소설 특유의 판타지가 이해되지 않았다. 마찬가지로 젊은 시절 읽었던 세계명작이나 고전 소설 속 많은 사건과 인물들의 감정에 나는 충분히 공감하지도 못했다. 아마 줄거리 중심으로 지적 호기심을 채우는 수준의 글 읽기를 하였을 것이다.

중년이 되고 그 책들을 다시 읽었을 때, 나는 비로소 ‘시대를 관통하는 인류보편성을 통찰한 작가의 능력’이라는 말이 공감되었다. 나이가 주는 이해력이라는 것도 있는 듯싶었다. 로렌스의 소설 또한 여러 권을 다시 읽게 되었는데, 아주 현실적인 이유로 가슴에 와 닿은 소설이 “아들과 연인”이었다. 100년 전이라는 시대적 배경과 영국과 한국이라는 지역을 뛰어넘어, 어떻게 시어머니와 아들의 관계가 이리 똑같을 수 있을까?

내가 처음으로 시어머니 될 분을 만난 건 1988년 여름, 남편이 살던 서울 집에서였다. 체구는 작았지만, 얼굴의 솟아 오른 광대와 높은 콧대 그리고 약간 튀어나온 입과 두꺼운 입술이 강한 인상을 주었다. 무엇보다 친정엄마와 비슷한 배움의 시기를 가졌다고 들었는데, 친정엄마와는 달리 끝까지 자식들의 대화에 끼는 모습도 인상적이었다.

그 후 군산시댁으로 첫인사를 가게 되었다. 새마을호를 타고 편히 내려왔으면 하는 예비 시아버지의 바람과 달리, 마침 여름휴가철이라 우리는 무궁화호 입석으로 내려갔다. 그리고 돌아올 때는 버스를 타게 되었다. 당시 내가 살던 인천과 군산 간에는 고속버스 노선이 없었다. 수원을 들러 가는 시외버스는 지정석이 아닌 선착순 이었고 입석도 있었다. 버스 앞의 긴 줄 덕에 우리는 입석이 당연해 보였다. 그런데 우리를 배웅하러 나온 시어머니가 조금씩 줄의 앞쪽으로 새치기해 나가기 시작했다. 두세 번쯤 새치기해 나갔지만 줄서있던 대부분의 젊은이들은 노인을 어쩌지 못했다. 남편 역시 어머니의 행동을 모른 척 했다.

우리가 버스에 올랐을 때, 시어머니는 버스 뒤쪽에 자리를 잡고 앉아있었고, 장지갑을 든 한손으로는 또 다른 뒷좌석 하나를 부여잡고 있었다. 덕분에 우리는 한여름 만원버스를 타고 다섯 시간정도 걸친 긴 거리를 서서오지 않아도 되었다. 하지만 나는 장성한 자식 앞에서 부도덕한 일을 아무렇지도 않게 하는 시어머니를 보며, 내 자식을 위한다는 명목 하에 올곧게만 살아오지는 않았을 거라는 생각이 들었다.

나이 쉰아홉에 네 번째 며느리를 본 젊은 시어머니가 신혼여행에서 돌아온 나에게 처음 시킨 일은 시아버지의 와이셔츠를 다리는 일이었다. 나는 와이셔츠 다림질을 해본적도 없거니와, 며느리라고는 하나 자신의 남편 옷을 다리도록 시키는 것도 좀 의아했다. 결혼하고 이십년이 지나서야, 다림질 못하는 시어머니가 아침마다 세탁소 사람을 불러 시아버지 옷을 다리게 했다는 얘기를 나는 들을 수 있었다.

시어머니는 배움이 적은 탓인지 합리적이지는 않았지만, 오래 반복된 자신만의 생활방식과 자기 생각에 대한 고집이 있었다. 야무진 살림솜씨는 아니었지만 경제력을 바탕으로 평생 사람을 부리며 부엌살림도 꾸려나갔다. 피난 나온 군산에 터를 잡고 살면서 사업을 일구고 지역에 공헌을 했던 시아버지와 달리, 시어머니는 이웃과도 별 교분 없이 지냈다. 우리 가족 이야기가 남 입에 오르내리는 게 싫다는 게 그 이유였다. 시어머니는 네 아들을 서울로 대학 보낸 자부심도 컸다. 그러나 어렵게 일궈 유복해진 삶속에서도 시어머니는 타인에 대한 이해보다 늘 우월의식을 내비쳤다. 나는 늘 그게 흠으로 보였다.

"나는 전쟁을 두 번 겪었다"라고 시어머니는 자주 말했다. 그 이야기를 들을 때면 개인사라기보다 생생한 한국의 역사라는 생각에, 나는 "전ㅁㅁ 여사 평전"을 쓰고 싶은 생각도 종종 들었다. 그러나 아쉽게도 시어머니는 극한상황을 경험한 사람으로서 인간에 대한 애정이나 존중보다 자기자식에 대한 애착과 생존본능만 남은 사람처럼 보였다. 피난 때 두고나온 가족에 대해서도 그리움보다는 '혹시라도 살만해진 내 삶에 민폐를 끼치는 건 아닐까'하는 생각이 잠재되어 있는 듯 보였다.

결혼 초부터 시어머니는 밥상에서 며느리인 나를 차별했다. 옛날이야기에나 나오는 줄 알았던 일들이 순식간에 벌어지곤 했다. 세월이 지나고 보니 왜 당연한 것처럼 받아들였을까하는 생각이 들었다. 하지만 부당함을 지적했더라도 말대답하는 싸가지 없는 며느리로 치부했을 것이다. 밥상에서의 차별을 여러 번 겪으며, 나는 남편 집안에서 며느리가 가족이 되는 건 정말 불가능하다는 걸 실감하였다. 그런 이야기를 전해들은 남편조차도, 고쳐야할 부당한 대우라고 생각하지 않았기 때문이었다.

결혼 후 보름 만에 남편은 유학을 떠났고, 나는 인천 친정에 11개월 정도 남아 있었다. 가끔 시어머니는 서울 셋째 형님네를 방문하러 군산에서 올라오곤 했다. 그때마다 나는 서울에 있던 직장에서 퇴근을 하면 형님 댁에 들렀다.

어느 토요일, 내가 형님 댁에 도착했을 때 형님과 시어머니가 점심식사를 막 끝내고 식탁을 치우고 있었다. 시어머니가 치우던 식탁위에 다시 내 점심상을 차려 주었다. 식탁 위를 흘끗 보던 형님이 “어머니 왜 동서는 물김치 안 줘요?”하고 물었다. 그러자 시어머니는 “조금밖에 없어. 이따 ㅁㅁ이(셋째 아주버니)오면 줘”했다. 나눠 먹으면 안 되나?

그 후 독일에서 첫아이 출산을 앞두고 있을 때였다. 미역국 이외에 산모에게 무얼 먹여할지 남편은 고민이었다. 앞집 아주머니한테 굴비를 먹었다는 이야기를 들은 남편은, 시댁이 수산업을 하니 굴비를 보내달라고 하면 좋겠다는 생각을 한 듯싶었다. 매주 전화통화를 하던 시어머니에게 남편은 바로 직전 해에 출산을 했던 셋째 형수가 굴비를 먹었는지 물었다. 시어머니는 당연히 산모가 먹을 수 있는 음식이고, 셋째 형수도 먹었다고 했다. 남편은 조심스럽게 “그럼 굴비를 좀 보내줄 수 있나?”하고 물었다. 하지만 시어머니는 한 치의 망설임도 없이 “없어”라고 답했다. 남편은 말을 빙빙 돌리며 물었다. 굴비 철이 아니라서 그러는지, 보내기 힘든 거라 그러는 건지, 왜 안 되는지를 조심스레 물었다. 그러나 시어머니는 그냥 단호하게 “없어”라고만 말했다. 수화기 넘어 들려오는 그 말이 내 귀에는 “보내주기 싫어”로 들렸다.

몇 년 후, 내가 아들과 한국을 방문하러 독일에서 나왔을 때였다. 어느 날 아침 시어머니가 새우를 넣은 국물에 무채를 썰어 넣고 국을 끓였다. 나와 시어머니가 막 식탁에 앉으려할 때, 먼저 식사를 시작했던 첫째 시아주버니가 국을 더 달라고 했다. 시어머니는 "국 더 없어" 하면서, 다짜고짜 내 국그릇을 들어 첫째 시아주버니 국그릇에 쏟아 부었다. 시아주버니가 놀란 눈으로 "아니 왜 그래요?"하고 묻자, 시어머니는 냉큼 "애는 국 안 먹어"했다. 언제 물어 봤나?

1990년대 초반 우리가 유학 중이던 작은 독일 동네에는 한국식품점은커녕 동양식품점도 없었다. 한 달에 한번 한국식품을 싣고 오는 트럭으로 사러 가거나, 마른 식품들은 주로 한국 친정이나 시댁에서 소포로 받았다. 고추가루, 미역, 당면, 국수, 마른버섯, 묵가루, 콩가루, 찹쌀가루, 녹두가루, 멸치, 북어 등을 주로 받았다. 한국에서 소포가 오면 마른 찬거리와 함께 옷가지도 왔다. 유학 하면서 옷을 사 입을 형편도 못됐지만, 새 옷을 사 입을 일도 없어서 시시때때 한국에서 보내주는 옷은 반가운 품목이었다. 그런데 유독 시어머니가 챙겨 보내는 소포에는 특징이 있었다. 매번 나를 위한 옷은커녕 양말하나도 없다는 것이었다. 남편도 처음에는 "해외에 있는 며느리가 당신 뿐만도 아니고, 한국에도 며느리가 둘이나 있는데 어떻게 챙겨 보낼 수 있겠어?"라고 말했다. 그러나 매번 소포가 올 때마다 찬거리 외에 남편과 아이들 옷뿐이라는 걸 확인하고, "정말 그러네"하며 남편도 민망해 했다.

똑똑한 며느리에 대한 경계심의 표시였는지, 못사는 집안 며느리에 대한 무시의 표시였는지, 아들의 젊은 여자에 대한 본능적인 질투의 표시였는지, 아니면 며느리를 다루는 법이라고 생각 했던 건지 알 수 없었다. 하지만 먹을 것을 챙겨주기는 싫다는 시어머니의 노골적인 태도는 며느리에게 "어머니"라고 불리는 의미를 의심스럽게 했다. 어머니의 음식이 맛있는 이유는 무엇보다 식구에 대한 애정이 들어간다는 것이 아닐까? 진수성찬이 아니어도 함께 밥을 먹는다는 '식구'의 의미를 생각해 볼 때, 며느리는 여전히 시어머니에게 식구는 아니라는 생각이 들었다. 귀하고 특별한 음식도 아니었던 음식 앞에서 보인 시어머니 태도는 막 결혼한 나에게는 참으로 가슴 아픈 기억이었다.

그러나 시어머니는 당신의 아들들이 좋아하는 음식에 대해서는 과도할 정도로 집착을 보였다. 2000년 남편의 귀국 후 시어머니는 매년 두 차례 우리 집을 방문하러 왔다. 시아버지와 함께하던 2박 3일의 방문은, 시아버님이 돌아가시고 5박 6일로 늘어났다. 2007년 말, 남편이 전주로 이직하기 전까지 이 방문은 계속됐다. 매 방문 때마다 시어머니는 생선을 한보따리씩 싸가지고 올라왔다. 도착하는 순간부터 당신아들에게 생선반찬을 해주라고 성화였다. 싸온 생선을 이삼 일간 해먹이고 나면, 그 다음엔 장을 봐와서 당신아들을 위한 생선반찬을 차렸다. 때로는 생선으로 차려진 반찬으로 당신아들과 단둘이 식사를 했다. 우리 아이들은 집안에서 나는 생선 비린내를 싫어했다. 오랜만에 올라온 할머니가 "아빠만 좋아하고 손주들은 안중에도 없다"고 불평했다. 그러나 단 한 번도 시어머니의 손에는 손주들을 위한 '이성당' 빵 하나 들려있지 않았다.

나는 남편에게 시어머니 마음은 알겠지만, 아이들도 있으니 그만하시면 좋겠다는 말을 해달라고 했다. 남편은 할머니와 손주들 관계보다는 자신과 어머니의 관계가 소원해질 것만을 걱정하였다. 친정 옆에 살고 있었던 우리에게 친정엄마는 자주 반찬을 해다 주었다. 그러나 친정엄마는 나만을 위한 음식을 해와 나만 먹이지는 않았다. 오히려 사위나 손주를 위한 특별식을 해오는 경우가 더 많았다.

남편이 전주로 이사 왔을 때, 시어머니는 아파트 열쇠를 달라고 했다. 남편은 열쇠를 복사해서 건네주었다. 시어머니에게 아들은 분가한 다른 집 가장이 아니었다. 며느리집이 아닌 아들집이며 곧 당신 집이었다.

"네 명의 아들을 낳았을 때 노후걱정은 안했다"고 시어머니는 종종 말했다. 그 시절 아들은 노후보장의 수단이었다는 게 이해는 간다. 하지만 아들을 통한 노후 보장이라는 건 뭘까? 아들의 경제력? 아마 며느리의 봉양이란 말이 더 맞을 것이다.

시어머니가 남편에게 집착할수록, 나와 시어머니 사이뿐 아니라 나와 남편사이도 멀어졌다. 남편은 시어머니에 대한 불만을 이야기하면, "나중에 당신이나 며느리에게 그러지 말아요"라고 했다. 남편도 시어머니의 행동이 올바르지 않다는 것을 인지하고 있는 셈이었다. 하지만 남편은 나를 배제하고 시어머니에게 맹목적으로 동조하는 것으로 갈등을 회피해 나갔다. 시어머니와의 갈등을 남편 외에 누구에게 이야기할 수 있을까?

친정엄마는 남편의 귀국 후, 매해 남편의 생일이면 셔츠를 사서 선물했다. 나는 남편에게 왜 시어머니는 며느리의 생일에 선물을 하지 않는지 물었다. 눈치 있는 남편이라면 적어도 며느리와 시어머니의 관계를 더 돈독히 할 방법을 시어머니에게 슬쩍 알려주기를 기대했다. 그러나 남편은 그런 말을 시어머니에게 꺼내는 자체가 시어머니를 서운하게 하는 일이라고 생각했다.

시어머니는 이북에 모든 친정식구를 두고 시아버지 형제들과 스무 살 나이에 피난을 왔다. 결혼 2년 만에 그랬으니 홀시어머니였다던 시할머니에게서 시어머니의 역할을 제대로 보고 배웠을 리 없다. 전쟁을 겪고 피난지에서의 생활이 호락호락했을 리도 없다. 배움이 적으니 자신을 성찰할 능력도 없을 것이다. 결혼생활의 주도권이 아내 쪽으로 기울어지고 있다는 흐름을 받아들이기도 힘들 것이다. 하지만 시어머니는 일 년치 양식을 배에 싣고 피난을 나온 분이며, 전세살이 한번 한 적 없는 분이다. 식모를 거느리고, 자가용 기사를 부리며, 로터리클럽 뱃지를 달고 해외여행을 다닌 분이다. 대학 나온 아들들의 대화에도 적극적으로 낀다. 50대에 이미 네 명의 며느리와 그 사돈댁을 맞았다. 그리고 이제 여덟 명의 손주를 두었다. 그런데 삶의 경험에서 터득한 것이라고는 자기자식에 대한 맹목적인 집착밖엔 없었을까?

아들에 대한 집착과 달리 시아버지에 대한 애정은 없었나보다. 50년 넘게 동고동락한 시아버지의 무덤에는 혼자 찾아가는 법도 그리움을 표현하는 법도 없었다. 섬세하고 꼼꼼했던 시아버지에게 역부족이었던 시어머니는 자신에 대한 이해와 존중을 아들을 통해 얻으며 살아온 듯 싶었다.

"시어머니는 설탕으로 만들어도 쓰다"는 스페인 속담이 있다고 한다. 시어머니와 며느리라는 어쩔 수 없는 간극은 세계 어디에나 있나보다. 그러나 내가 시어머니를 관찰하는 것은 나 또한 시어머니로서 몇 십 년을 살아야 할지 모르기 때문이다. 어머니로서 결혼한 아들을 대하는 태도, 시어머니로서 며느리를 대하는 태도 그리고 노후의 삶에 대한 자세를 생각해 보기 때문이다.

10) 1913년 출간한 로렌스의 소설. 수준차이나는 남편과의 원만치 못한 결혼생활 때문에 아들에게 맹목적인 사랑을 퍼붓는 어머니. 그런 어머니의 정신적 지주가 되어야했던 아들이 독립된 정신의 소유자이자 육체를 가진 청년으로 성장하는 속에서 겪는 갈등을 그렸다.

11. 폭 로

남편의 첫인상은 그리 좋은 편이 아니었다. 큰 키를 제외하고는 볼품없는 남자였다. 삐쩍 마른 몸매, 앞으로 뻗어 나온 거북이 목, 굽은 어깨, 항상 엉거주춤 팔꿈치를 들어 올린 긴팔, 그리고 남자치고는 큰 엉덩이에 팔자걸음을 걸었다. 살집이 없어 홀쭉한 얼굴에 활처럼 치켜 올라간 눈썹과 툭 튀어나온 광대뼈 그리고 큰 입은 기괴하고 사나워 보이기까지 했다. 나이에 걸맞지 않게 금테 안경을 쓰고, 그 안쪽의 쌍꺼풀진 눈을 늘 지그시 감고 실눈으로 사람을 쳐다보았다. 미간을 찌푸린 얼굴은 불만에 가득 찬 모습으로 보여, 젊은 남자치고 밝은 인상도 아니었다. 회사 복도에서 마주치기라도 하면 알아듣든지 말든지 독일어로 중얼거리는 통에, 동료로서의 친밀감은커녕 정상인으로도 보이지 않았다.

결혼을 준비하며 시댁 부모님들을 뵙고 보니, 남편은 시아버지보다는 시어머니 쪽을 더 닮아 있었다. 짙은 눈썹과 쌍꺼풀 진 눈은 시아버지를 닮았으나, 높은 광대와 눈앞꼬리가 찢어지고 눈뒤꼬리가 올라간 모습이 시어머니를 닮아 있었다. 벽에 걸려있던 시아버지의 젊은 시절 흑백사진은 마치 영화배우 최무룡을 닮은 듯 했다. 그 사진만 봐도 젊은 시절 시아버지가 군산 시내를 주름잡던 한량이었다는 사실이 실감이 났다. 반면 시어머니는 작은 키에 여성스런 선을 가진 얼굴이 아니었고, 어린 시절 수술로 다리까지 약간 절고 있었다. 남편의 용모가 아버님을 빼닮았으면 잘 생겼을 텐데 하는 아쉬움이 들었다.

결혼 후 30년에 걸친 지적에도 불구하고, 양팔을 엉거주춤 들고 팔자걸음을 걷는 남편의 버릇은 고쳐지지 않았다. 그러나 결혼 직후 6~7kg정도 몸무게가 늘면서, 남편의 얼굴에도 적당히 살이 붙게 되었다. 그러자 얼굴선이 둥그스름해지면서 사납던 인상이 조금 부드러워 보이기 시작했다.

결혼 전 얼마간의 흰 새치 머리는 -남편 말에 의하면, 나와 사느라 머리가 세서- 40대 초반에 이르자 백발로 변해버렸다. 검은 머리로 염색하는 것이 당연시 되는 한국사회에서, 흰머리는 어딜 가든 눈에 띄었다. 나이로 뭐든 구분 짓기 좋아하는 한국사회에서 남편의 흰머리는 연장자들에게 때론 부담스런 존재로 보였다. 그러나 점차 남편의 백발은 남편의 외모를 더 돋보이게 하면서 남들이 부러워하는 존재가 되었다.

남편은 자신의 사회적 위치가 확고해지자 자신감도 늘어갔다. 말도 많아지고, 굳어 있던 얼굴에 늘 웃음을 띄었다. 누구에게나 지나칠 정도의 관심과 배려를 보이는 남편을 대학 시간강사 시절부터 많은 학생들이 따랐다. 흰머리의 외모와 타고난 사교성 덕분인지 40대중반부터 주례를 서달라는 학생들도 생겨나기 시작했다.

겨울에 검은 롱코트를 걸치고 흰머리를 휘날리며 서류 가방을 들고 다니는 모습은 남편의 트레이드 마크가 되었다. 차츰 남녀노소를 불문하고 누구든 처음 보는 사람도 외모를 칭찬하는 지경에 이르렀다. 남편의 외모에는 "잘생겼다, 멋지다"가 아니라, 늘 "카리스마"라는 말이 따라 다녔다.

사실 30년간 남편을 봐온 나는 남편이 잘생겼다고 늘 실감하는 건 아니었다. 싸우는 일도 많았으니 그럴 때면 어떻게 생겼든 보기 싫은 건 마찬가지였다. 어차피 남편의 직업이 배우가 아닌 바에야 아무짝에도 쓸모없는 게 남편의 잘생긴 외모였다. 하지만 남편이 단체사진이라도 찍어오는 날엔, 나도 여러 아저씨들 중에서 큰 키, 뚜렷한 이목구비, 흰머리, 풍채나 분위기에서 우월하게 빛나는 남편의 외모를 인정하지 않을 수 없었다.

남편은 툭 튀어나온 광대뼈에 굽은 어깨 때문에 사춘기를 지나면서부터 여자들에게 인기가 없었다고 늘 불평해왔다. 그러나 남편도 차츰 남들의 칭찬에 자신감을 얻게 되었다. 그러더니 급기야 자신의 외모를 스스로 칭찬하는 지경에 이르렀다. 나르시즘에 젖은 남편은 샤워 후 자신의 몸매를 과시하는 것을 넘어, 지하철이라도 타는 날에는 자화자찬이 극에 달했다. "봐봐, 나만큼 잘생긴 사람 없지? 모두 날 주목 하는 게 느껴진다니까. 비나 김태희가 어떤 느낌인지 알거 같아."

남편의 외모를 칭찬하는 것은 남자들뿐이 아니었다. 문제는 때로 여자들의 칭찬은 도를 넘어 성희롱 차원이 된다는 것이었다. 이젠 여자들도 남자에게 언어적 성희롱쯤은 아무렇지 않게 하는 시대가 되어 있었다.

동네 슈퍼마켓 아줌마는 남편이 늘 들고 다니는 서류가방을 보며 말했다. "그 가방 안에는 뭐가 들었을꼬. 나도 넣어 가지."

엘리베이터 안에 단둘이 타게 된 야쿠르트 아줌마도 다짜고짜 말했다. "어머, 참 멋지게 생기셨네요."

아들과 함께 이발을 하러 미장원에 가면 미장원 아줌마는 아들에게, "아빠 뭐하시는 분이니?"하고 계속 물어댔다. 아들이 "아, 집에서 놀아요"라고 대답할 때까지.

악수하던 여자 국회의원은 눈웃음을 흘리며 마주잡은 남편의 손바닥을 자신의 검지로 살살 문질렀다.

노처녀 제자는 말했다. “우리 나이에는 여기저기 문어발을 걸쳐 둬야 해요. 언제 어떻게 알던 남자와 연결될지 모르니.”

식당 여사장은 남편을 보며, “흰머리가 멋있기는 한데, 그런 사람이 정력이 약하다던데”라고 했다.

어린 여자제자들도 스스럼없이 말했다. “(몸매)비율도 좋으시고......”

길이 미끄럽다며 팔짱을 껴도 되냐는 여자도 있었다. 남편이 차마 말하지 못한 일들도 더 있을 것이다.

인상이 좋아 보인다거나, 어디서 많이 본 것 같은 얼굴이라는 말은 순수한 표현에 속했다.

그런데 정작 문제는 남편이었다. 그러한 상황에 대처를 못하는 것이었다. 직장 내에서 성폭력 예방교육을 받아도 소용이 없었다. 묵묵부답. 이것이 남편의 대처였다.

성희롱은 남자가 여자에게 하는 것이라는 고정 관념 때문인지, 남편은 ‘여자들이 뭐라고 하든 말든, 나 만 아니면 됐지’라는 생각이었다. 어쩌면 남편은 성희롱 발언을 자신의 외모에 대한 순수한 칭찬으로 생각했을지도 모르겠다.

남편은 퇴근 후 집에 오면 여자들의 그런 태도를 나에게 고자질처럼 자랑했다. 그리고 “당신 죽기를 기다리는 사람이 많아”하며 좋아 했다. 미남도 괴롭겠지만 미남이 철들기도 쉽지는 않은 것 같았다. 외국에서는 외모칭찬 성희롱(catcalling)에 대한 처벌도 논의 하고 있다고 한다. 남편의 반응을 봐도 성희롱이 한국에서 제대로 인식되기에는 아직 먼듯했다.

권력을 가진 여자들이 많아졌다고는 하지만, 그래도 여전히 한국 내 권력은 남자들의 편이다. 성폭력이나 성희롱 가해자는 역시 남자인 경우가 많다.

남편은 한국남자 평균이상의 학력과 사회적 지위를 가진 사람이다. 자연히 남편과 사회적 교류를 하는 남자들도 비슷한 수준의 사람들이다. 소위 배울 만큼 배우고 사회적 영향력을 가진 남자들이다. 나는 남편을 통해 남편주변 남자들의 이야기를 종종 전해 들었다. 유흥업소여자를 대하는 남자들의 태도, 애인을 두고, 매춘을 하고, 성추문으로 직장을 옮기고, 권력을 미끼로 성관계를 맺고, 성희롱 심판을 피하려 자살을 하고.......

나는 배움이나 사회적 지위의 무게와 반비례하는 도덕성을 가진 남자들이 예상외로 너무 많다는 것을 알았다. 그런 이야기를 들을 때마다, 내가 만났던 그의 부인, 내가 전해 들었던 그의 자식들에 대한 이야기가 떠올랐다. 나는 아내로서 딸아이의 엄마로서 배우자에 대해 진지하지 못한 남편들의 태도에 대해 늘 고민하게 되었다.

이혼으로 가는 지름길을 나는 내 주변에서 많이 보았다. 물론 남녀관계는 권력이나 돈 문제를 떠나 어느 일방을 탓하기 힘들 때도 있다. 나에게 재미있는 일이라는 듯 늘 떠들던 남편에게도 숨겨온 여자이야기는 따로 있었기 때문이었다.

11) 데미 무어 주연의 1994년 영화. 여성이 사회적 지위를 이용해 성폭력을 행사한다는 설정으로 당시 화제를 모았다.

12. 내 남편의 이중생활

2017년 3월 말 남편과 여수로 여행을 갔다. 노래 가사로만 듣던 '여수 밤바다'를 보게 된 것이다. 밤바다나 야경에 별 관심을 두지 않았었는데, 여행 중에는 가끔 야경을 보게 되는 경우가 있었다. 그 전 해에도 두 차례 일본 여행을 하면서 야경을 보게 되었는데, 사실 나는 실망스러웠다. 인간이 만든 조명 속 세상이 나에게는 큰 아름다움으로 와 닿지 않았다. 오히려 신이 만든 햇빛 속 세상이 더 내 취향이라고 생각하게 되었다.

어두운 밤에 필요한 자연스런 조명도 아니고, 여기 좀 보라는 듯 설치된 여수의 밤은 화려했다. 밤바다 위를 가로지르는 케이블카 아래로 보이는 바다에 현기증이 일었다. 아들이 예약해 준 숙소는 밤바다 풍광이 고스란히 마주보이는 곳이었다.

여행에서 돌아온 후, 나는 남편과 함께 찍은 사진으로 나와 남편의 휴대폰 배경화면을 바꾸었다. 남편과 내가 옆얼굴을 맞대고 나란히 찍은 사진이었다. 그런데 그 화면을 본 남편 주변 남자들은 예외 없이 누구냐고 물었다. 잠금화면 배경이 아니라 비밀번호를 풀고 들어가는 홈 화면의 배경이어서 그랬을까? 부인이냐고 묻는 사람은 없었다. 유부남들은 누구라고 생각했던 걸까?

2000년 처음 휴대폰을 갖게 된 남편은 '족쇄' 같다고 했다. '삐삐(무선 호출기)'도 써본 적 없는 남편은 어디든 따라다니며 울리는 휴대폰에게 자유를 침해당하는 느낌을 받았던 거 같다. 하지만 지금 남편은 휴대폰과 거의 '물아일체(物我一體)'를 이루고 산다.

아침에 일어나자마자 남편은 휴대폰을 들고 화장실로 직행한다. 남편보다 부지런한 사람들은 이미 새벽부터 남편 휴대폰에 카카오 톡 메시지를 날려 준다. 화장실에서 신문이나 정기 간행물을 보던 남편의 습관은 휴대폰을 보는 것으로 바뀌었다. 두어 시간쯤 휴대폰을 본 후, 남편은 배터리가 너무 빨리 닳는다면 투덜댄다.

식탁에는 휴대폰을 가져오지 말라고 부탁한지 십 여 년이 지났건만, 언제나 남편보다 식탁 모서리 끝에 휴대폰이 먼저 자리를 잡는다. 음식이 차려진 식탁 앞에서 남편은 두 세통의 통화를 먼저 할 때도 있다. 통화를 안 할 때면 식사 전 남편은 휴대폰 속 무언가를 읽는다. 나는 핸드폰에 반쯤가린 남편의 나머지 반쪽 얼굴을 바라본다.

남편은 식사를 하다가도 서너 번은 휴대폰을 켜본다. 휴대폰 배터리가 너무 빨리 닳는다고 또 불평한다. 하지만 사실 남편의 휴대폰이 꺼져있는 시간은 남편이 잘 때뿐이다. 식사 중에 전화가 와도 남편은 거절하는 법이 없다. 통화를 위해 식탁에서 일어나 서재로 들어가지도 않는다. 나는 숨을 죽이고 밥을 먹어야 한다. 식탁 앞에서도 나는 늘 남편 휴대폰에 밀린다.

처음 전주로 이사 온 해 연말, 남편이 좋은 이탈리아 레스토랑이 있다며 외식하러 가자고 했다. 손님이 많아 밖에서 대기 하는 중에, 남편은 몇 사람과 휴대폰 통화를 했다. 그리고 식당에 앉아 주문한 음식이 나오기 시작할 때 휴대폰 벨이 울렸다. 코스요리가 줄줄이 나오고 내가 그 음식들을 절반씩 다 먹어가도록 통화는 끝나지 않았다. 결국 연말 외식은 싸움으로 끝났다.

휴대폰으로 연결되는 세상 속 사람은 남편 앞에 앉아 있는 그 누구와도 비교할 수 없다.

무제한 통화요금제의 남편에게 '통화는 간단히'라는 말은 통하지 않는다. 말수가 적고 목소리마저 나직하던 남편이 수다가 늘게 된 원인 중에 하나는 아마 휴대폰 때문일 것이다.

이 천 명 이상이 저장된 연락처 명단은 인맥에 대한 남편의 자부심이다. 하지만 일 년에 한 번도 연락안하는 사람이 대다수다. '아무개'와 '아무개 신규'로 중복 저장된 사람도 수두룩하다. '아무개'씨의 기존 휴대폰 번호는 새 주인을 찾은 후, 다시 남편 카카오 톡에 얼굴을 내민다. 때로는 남자이름에 여자얼굴이 뜬다.

매일 아침 어느 식당의 사장님이 오늘의 날씨 정보를 알려온다. 매일저녁 대리운전기사가 문자를 한다. 지인들은 자신이 무엇을 먹었는지, 무엇을 했는지, 무엇을 할 건지, 무슨 생각을 하고 있는지, 때로는 일기장에 써야할 것 같은 소식도 알려온다. 페이스 북, 밴드, 카카오 톡, 메일, 뉴스의 도착을 알리는 신호와 통화를 원하는 벨소리로 휴대폰은 늘 소리를 내거나 파란 빛과 녹색 빛을 반짝인다.

'좋아요'와 댓글 다는 방법은 몰라도 남편은 늘 엿보기에 동참한다. 자식들과 소통하려고 배운 이모티콘으로 "상가 집에 다녀왔다. ㅎㅎ"라는 메시지를 보내 아이들에게 비웃음을 산다. 남편은 'ㅎㅎ(하하 또는 호호 - 웃음)'을 '흑흑(울음)'으로 이해했다.

어찌된 일인지 남편의 휴대폰 번호는 부동산, 술집, 만남채팅, 대리운전, 식당, 각종단체로 퍼져나간다. 남편은 혹시라도 놓치는 전화가 있을까봐 070으로 시작된 전화도 다 받아본다. 스팸 번호일지라도 부재중으로 찍힌 전화는 다 걸어본다. 남편의 관계강박증에 휴대폰이 한 몫을 한다. "선배님"

과 "교수님"으로 시작되는 통화에는 권위라도 무너질세라 낚인다. 후배임을 내세우는 잡지를 정기구독 해주거나, 종친회를 가장한 출판사에서 족보 아닌 족보를 두 번씩이나 강매 받아 들고 온다. 열 받은 나는 착불로 반송하는 수고를 해야 한다. 보이스 피싱에 낚이는 사람은 지성인을 자부하는 내 남편일 가능성이 제일 높다.

남편은 TV 뉴스를 켜놓고 휴대폰 속 다른 뉴스기사를 읽는다. 노트북 속 메일을 확인하며 휴대폰 속 메시지도 읽는다. 서로 다른 매체로 서로 다른 소식을 동시에 접하는 것이 일상이 되었다. 남편도 멀티기능을 탑재하기 시작했다.

잠자기 전 남편은 휴대폰을 머리맡에 반듯하게 모셔둔다. 여름에는 선풍기 앞에 똑바로 세워두고 잔다. 밤새 선풍기의 타이머가 조금씩 풀리며 세워져있는 휴대폰을 조금씩 밀어낸다. 밤새 휴대폰이 딸그락 거린다.

남편은 자다가 일어나서도 휴대폰부터 본다. 현재 시간을 확인하고 자는 동안의 새 소식을 확인한 후 다시 잠자리에 든다.

남편의 휴대폰은 가끔 나의 살해도구가 된다. 운전 중인 남편은 빨간 신호등에 걸리거나 정체구간이면 어김없이 휴대폰을 본다. 카카오 톡 메시지를 확인하고 은행잔고를 확인한다. 그리고 부재중 전화를 확인하고 통화를 시도한다. 신호등이 바뀌고 정체가 풀려도 남편의 통화는 계속된다. 시내도로를 운행 중이든 고속도로를 운행 중이든 하고 싶은 말을 다해야 통화는 끝난다. 한손엔 휴대폰을 한손엔 핸들을 잡은 남편이 시속 100km로 달리며 20분 이상 통화를 할 때, 나는 생사를 넘나드는 기분이 든다. 남편의 안전의식과 준법성, 아내에 대한 배려심은 휴대폰으로 남편을 찾는 사람 앞에서 무용지물이 된다.

족쇄였던 휴대폰은 이제 남편의 비밀병기가 된다. 내가 싫어하는 사람과도 어디서든 몰래 연락할 수 있기 때문이다. 저장강박증 있는 남편도 삭제할

건 다 삭제한다.

남편은 카카오 톡의 프로필 사진에도 신경을 쓴다. 휴대폰의 배경화면에도 신경을 쓴다. 외국의 멋진 배경 속 자신의 모습을 골라 배경화면으로 깐다. 노트북에도 자신의 사진을 배경으로 띄어놓는다. 가족사진이나 아이의 사진을 배경으로 두는 아빠들과는 다르다.

남편은 셀카를 즐긴다. 혼자 밥 먹으면서도, 혼자 연구실에 앉아서도, 혼자 방에서도, 버스나 기차 안에서도, 야외에 놀러나가서도, 어디서든 혼자만의 사진을 찍는다. 남편의 행적은 휴대폰 속 갤러리의 사진으로 알 수 있다. 남편 휴대폰 속 사진은 누가 보여 달라고 부탁하지 않아도 때때로 이사람 저 사람에게 전송된다.

그러나 스마트 폰을 스마트하게 쓰기에 아날로그 세대는 버겁기만 하다. 새로 깐 어플은 아들이 매번 가르쳐줘도 매번 사용하려면 낯설다. 남들이 쓸 때 부러워하던 기능도 남편은 막상 활용할 줄 모른다.

2017년 8월 중순, 4박5일 일정으로 남편은 고비사막으로 여행을 갔었다. 유심칩을 사지 않고 와이파이가 가능한 지역에서만 연락하려던 남편은 사막투어 내내 휴대폰을 사용할 수 없었다. 드디어 여행 마지막 날, 와이파이가 터지는 호텔에 도착한 남편이 카카오 톡으로 사진을 보내왔다. 남편의 표현대로 "문명으로부터 차단된 나흘"은 남편에게 아마 고문이었을 것이다.

오늘도 나는 모바일 속 또 다른 세상을 헤매고 다니는 바로 내 앞의 남편을 그리워한다.

12) 이기호의 단편소설집 "웬만해선 아무렇지 않다(마음산책, 2016)" 중 핸드폰에 얽힌 남편의 웃음 터지는 행각을 담은 단편. 이렇게 유머러스하게 글을 쓰는 작가도 있구나 감탄하며 읽었던 책.

13. 사랑은 비를 타고

2013년 봄, 서울에 모임이 있어 올라간 남편에게서 문자가 왔다. "한강이 기가 막히네!" 그리고 지하철을 타고 한강을 건너가면서 찍은 사진 두 장을 첨부 해왔다. 내가 답장을 보냈다. "그래서 한강 보이는 아파트가 비싼 거야. 나도 한강보고 살게 좀 해줘." 그랬더니 답이 없었다. 바로 한 달 전에 나는 결혼 후 열일곱 번째 이삿짐을 풀었다. 딸이 살던 고시원이 전세만기가 되어, 아들의 오피스텔로 옮겨 들어간 것이다.

그 후에도 나는 몇 번의 이삿짐을 더 쌌고, 결혼 생활 30년 동안 스물 두 번의 이삿짐을 싸며 옮겨 다녔다. 친정에서도 일곱 번 정도 이사를 다닌 기억이 있으니, 쉰다섯 살 평생에 전세 계약기간인 2년마다 거의 갱신 없이 옮겨 다니며 산 셈이었다. 누가 들으면 부동산 투기라도 하는 줄 생각할 것이다. 집을 '소유'에서 '거주'개념으로 생각하는 미래지향적 부부여서도 절대 아니었다.

단층 주택, 2층 주택, 학생 기숙사, 두 동짜리 서민 아파트, 주공 아파트, 나 홀로 아파트, 상가 건물, 오피스텔, 고시원 원룸, 공무원 임대아파트, 빌라 그리고 마지막으로 오래된 민영 아파트가 지금의 거처가 되었다. 이사 덕분에 정말 다양한 형태의 집에서 살아보게 되었다. 그래도 아직 주상복합에서 살아보지는 못했다.

이사를 다닌 지역도 크게는 한국과 독일이었지만, 한국에서도 우리 가족은 서울과 인천 그리고 전주를 옮겨 다니며 살았다.

두 아이들이 어릴 때는 아이들이 쿵쾅거릴까봐 또는 사다리차 비용이 아까워서 대부분 1층으로 이사를 다녔다.

여러 지역의 여러 형태의 집에서 살다보니, 집 때문에 어이없는 일도 많이 겪게 되었다.

1996년 친정집에서 나와 아이 둘을 데리고 처음 얻은 전셋집은 길가에 위치한 주택이었다. 1층 왼편에 부동산 겸 장의사, 오른 편에 독거노인, 2층에는 집주인 내외와 우리, 그리고 3층에는 집주인 아들내외가 살았다. 그런데 이 집은 언덕길에 세워져서 앞에서 보면 2층, 옆에서 보면 3층으로 보였다.

게다가 처음부터 3층으로 지은 것도 아니고 차츰 덧붙여 가며 지은 집이었다. 그래서 우리가 사는 2층도 자세히 보면, 집주인 내외가 사는 2층보다는 높고, 아들 내외가 사는 3층보다 낮아서 2.5층처럼 보였다. 방 모양도 하나는 직사각형, 다른 하나는 마름모, 거실 겸 주방도 마름모, 화장실은 게처럼 옆으로 들어갔다 옆으로 나올 정도로 좁고 길쭉했다.

허술했던 이 집은 밤에 방바닥에 누우면 1층 부동산 아저씨의 코고는 소리가 들렸다. 1층 집 앞 도로를 지나는 사람들의 말소리도 밤에는 옆 사람 소리만큼이나 또렷하게 들려서, 나는 자다가 깜짝 놀라 깨기도 했다.

그 당시 아들은 미술학원 유치부를 다니고 있었다. 세입자와 집주인의 관계를 알아차렸는지, 어느 날 아들은 "집주인 아주머니"라는 표현을 썼다. 그리고 가끔씩 지나가는 야채행상들의 "알타리 천 원, 알타리 천 원"을 흉내 내며 놀았다. 아래층이 장의사 겸 복덕방이라서, 이러다가 아들이 "아이고, 아이고" 곡소리 흉내도 내는 게 아닌가 하는 걱정이 들었다. 다행히 1층 아저씨는 간판만 달았지 주업은 부동산 중개업이었다.

그 집은 원래 연탄을 때던 집이었다. 연탄대신 기름보일러로 난방형태를 바꾸면서 연탄아궁이에 연결되었던 굴뚝을 조리대 환기 구멍처럼 내버려 두고 있었다. 어느 해 여름, 옥상에 빗물이 가득 차올라 그 굴뚝 구멍을 통해 빗물이 거실로 쏟아져 들어오는 일이 생겼다. 남루한 집이었지만 그래도 착한 집주인 덕분에 우리는 첫 전세살이를 무사히 할 수 있었다.

두 번째 이사 간 집은 어릴 적 공장 터였던 곳에, '가, 나' 두 동으로 세워진 5층 아파트였다. 아파트의 편리함을 기대했던 나는 관리비 고지서외에 새로울 게 없던 서민 아파트에 실망했다. 급기야 하수배관이 막혀 위층에서 오수를 버리면, 일층이던 우리 집 거실로 물이 차오르는 일이 생겼다. 공동 배관에 대한 생각이 없던 주민들 때문에 나는 맘고생을 했다. 하수배관에 이어 보일러 난방배관도 막히고, 하는 수 없이 우리는 이사 오기 전 방바닥을 뜯어내는 공사까지 했다.

그 다음 이사 간 곳은 산동네를 재개발하고 들어선 주공아파트 단지였다. 막 입주가 시작된 단지라 부동산, 이삿짐센터, 인테리어업체, 집들이 음식대행업체, 가구회사, 입주청소대행업체 등의 각종 광고 전단지가 홍수를 이루었다. 그리고 한동안은 주변 상가가 개업할 때마다 펼쳐지는 나레이터 모델들의 마이크 소리, 음악소리로 귀청이 떨어질 지경이었다.

부동산 투기로 대여섯 채의 아파트를 소유했던 60대의 집주인은 까칠한 사람이었다. 그래도 나름 대단지 아파트인데다 분양받은 새집에 입주하는 주민들이 대부분이어서, 이웃은 서로 호의적이었다. 같은 엘리베이터를 타는 입주자들끼리 주차장에 모여 삼겹살파티를 했고, 음식을 하면 서로 나눠 먹는 분위기였다.

그러나 근처에 제철소가 있던 이 아파트는 저녁때만 되면 발바닥이 새까

매겼다. 우리는 집안에서 꼭 덧신을 신어야했고 여름에도 창문 열기가 겁이 났다.

이사 온 다음해 여름 어느 날, 딸 방의 방바닥에 웅덩이가 생겼다. 창틀의 실리콘마감이 터져 그 틈으로 들어온 비가 벽을 타고 방바닥에 고였던 것이다.

2005년 우리가족은 인천에서 서울로 이사를 했다. 인천과 여의도를 오가는 남편의 출퇴근도 편하고 아이들 사교육도 쉬운 목동으로 이사를 하게 되었다. 비싼 집값과 유명한 학군 탓에 마땅한 전세 집을 찾기는 힘들었다. 우리는 열가구가 살던 한 동짜리 나 홀로 아파트를 얻었다.

그 건물 입주 당시부터 살던 2층 아주머니는 건물 전체를 대표해서 공용경비를 걷었다. 이사 오는 날부터 친절하게 도움을 주던 그 아주머니에게 나는 2년 후 이사를 나오며 작별인사와 함께 공용경비를 정산해 주었다. 그러나 후임 세입자에게 관리비를 내지 않고 이사를 갔다는 말을 전해 듣게 되었다. 고지서나 영수증 없이 돈을 주고 받다보니 생긴 일인 듯싶었다.

2년을 사는 동안 그 집 역시 빗물이 새고 누전이 생겼다. 우리는 안방 화장실의 천정을 뜯어내는 전기 공사를 두 번이나 해야 했다. 작은 아파트였지만 욕실이 두 개라는 점이 그 아파트의 장점이었다. 사는 동안 화장실 하나는 사실상 유명무실이 되고 말았다.

그 다음에 우리는 상가 건물 3층으로 이사를 했다. 2년 후 집주인은 전세금을 올려 달라고 했다. 이사에 지친 나는 이사를 하자는 남편의 의견에 반대했다. 우리는 전세금을 올려주고 한차례 전세 계약을 연장했다.

이 집은 원래 가게로 세를 놓기 위해 지었다가 살림집으로 개조한 집이었다. 식당 홀을 연상시키는 커다란 거실이 장점이라는 걸 빼면 집 구실을 하지 못했다. 1층은 보쌈집, 2층은 순댓국집, 3층이 우리가 세든 곳이었다. 집 안에 철문도 있고, 거실 쪽은 열리지 않는 통유리였으며, 각 방의 한쪽 벽은 전부 창문이었다. 여름엔 엄청 덥고 겨울엔 무지 추웠다. 여름이면 2층에서 올라오는 짜디짠 순댓국 끓이는 냄새와 열기 때문에, 우리는 고약하게도 어서 그 집이 망해서 나가기만을 바랐다.

식당 골목에 자리 잡은 상가건물은 아침 일찍부터 달걀, 야채, 생선, 과일 등 각종 행상트럭들의 스피커 소리가 들렸다. 아침에 맑은 정신에 글을 쓰려고 책상 앞에 앉았던 남편은 미칠 지경이었다.

식당에서 내놓는 음식 쓰레기 때문인지, 나는 평생 처음으로 쥐 잡는 끈끈이를 사서 집 안에 놓았다. 집 주인은 아주 태연하게 고등어를 사서 쥐약을 발라 두라고 일러 주었다.

이 집도 건물 어디선가 누수가 시작 되었다. 집안 곳곳에 물이 떨어졌지만, 집주인은 일 년 내내 원인을 찾지 못했다. 급기야 화장실 전기는 누전으로 차단이 되었고, 우리는 몇 달간 화장실에 촛불을 켜고 살아야 했다.

2008년 남편은 수도를 틀면 녹물부터 나오는 20년 지난 공무원 임대아파트로 옮겨갔다. 낡은 건물 탓인지 5층 우리 집 안에서 전화 통화하는 남편 목소리가 3층 계단에서부터 들렸다. 귀가 약한 남편이 텔레비전을 크게 틀면 어김없이 아랫집 천장이 울렸다. 아침에 풍기는 된장국 냄새에 남편이 밥이라도 하나싶어 놀라 일어나면, 그것은 아랫집에서 올라오는 냄새였다.

그 후 다섯 차례의 이삿짐을 이리저리 옮긴 후, 아이들은 다시 빌라로 이사를 했다. 그리고 우리부부는 2016년 결혼 27년 반 만에 겨우 전주에서 낡은 아파트를 장만하게 되었다. 그리고 나는 난생 처음 이사 떡이란 걸 돌리게 되었다.

매번 이사를 다닐 때마다 집 한 구석에는 늘 풀지 못하고 쌓아둔 짐이 남아 있었다. 언제 또 이사 할지도 모르고, 짐을 다 푼다고 2년 사이 쓸 것 같지도 않고, 옮겨 다니는 집마다 크기나 구조가 다르다 보니 살림을 다 정리해 두고 살수도 없었다.

25년간 이사 다니느라 쓴 부동산 수수료, 이삿짐센터 비용, 그때마다 집 정리며 가구정리에 드는 비용, 시간적 · 육체적 손실만 따져도 만만치 않을 것이다. 그래도 우리 가족은 앞으로도 몇 번의 이사는 더 해야 할 것 같다.

우리는 이사를 다니며 어느 집에서나 항상 수해(水害)를 입었다. 우리 부부는 봄에 만나 여름 내내 비를 맞으며 데이트를 했다. 나는 가끔 우리가 '장마 커플'이어서 그런가 하는 생각을 해본다. 서울에서 데이트를 한 후 남편은 나를 인천 집까지 데려다 주었다. 서울로 돌아가는 삼화 고속버스 안에서, 남편은 비에 젖은 양말을 벗어 짜 널었다고 했다.

13) 무성영화에서 유성영화로 넘어가던 1950년대를 배경으로 한 진 켈리 주연의 1952년 영화. 사랑에 빠진 돈 록우드가 빗속에서 미친 듯이 춤추는 장면이 압권이다.

14. 사랑의 레시피

남편의 소고기 미역국

① 질 좋은 소고기 살코기를 덩어리로 사 둔다.

② 아침 일찍 일어나 도마 위에 고기 덩어리를 올리고 30분정도 칼로 두들겨서 부드럽게 다진다.

③ 고기를 다지는 동안 줄기 미역은 불린다.

④ 다진 고기와 줄기미역을 냄비에 넣고 참기름으로 볶는다.

⑤ 물을 붓고 소금과 간장으로 간을 맞춰 끓인다.

⑥ 마지막으로 싱싱한 파를 송송 썰어 넣는다.

⑦ 둥그렇고 입구가 큰 보온병에 담는다. 후식으로 먹을 배를 챙긴다.

"두 아이만 아니었으면, 유학기간 일 년은 단축할 수 있었을 텐데." 남편은 자신의 유학기간이 길어진 것이 두 아이를 출산할 때마다 수발을 드느라 공부를 못해서 그렇다고 했다.

아이 둘을 출산할 때마다 남편은 병원으로 미역국을 끓여 왔다. 둥그런 보온병 하나 가득 미역국을 담고, 후식으로는 독일에서 구하기도 어려운 배를 사가지고 왔다. 그리고 남편은 자른 소고기가 아니라 덩어리 소고기를 사다가 아침부터 직접 두드려 부드럽게 다져넣었다고 거듭 강조했다. 그리고 마지막에 싱싱한 파를 넣었다고 했다. 어떤 찌개나 국이든지 남편은 싱싱한 파를 썰어 넣어 파릇하게 보이는 걸 좋아했다. 그러나 미역국과 파가 음식 궁합이 맞지 않는다는 사실은 알지 못했다. 평생 고깃국을 싫어하는 나도 출산 후 남편이 끓여온 소고기 미역국은 정말 맛있었다.

딸의 홍합 미역국

① 인터넷으로 홍합 미역국 레시피를 찾아 프린트 한다.

② 싱싱한 홍합을 사서 냉장고 깊숙이 숨겨둔다. 짧게 자른 봉지 미역도 사둔다.

③ 아침 일찍 일어나 주방 전기불은 켜지 않고 가열대위의 램프와 손전등을 켠다.

④ 레시피에 따라 미역국을 끓인다.

⑤ 엄마가 깨기 전에 국그릇에 담고 밥과 김치도 담아낸다.

고등학교 3학년이던 딸이 내 생일 아침에 끓여준 미역국이었다. 제 손으로 달걀 프라이 하나, 라면 하나 못 끓이던 아이였다. 고깃국을 싫어하는 엄마를 위해 나름 고민 끝에 홍합 미역국을 끓여 주었다. 집에서 끓여 먹어본 적도 없었는데, 홍합이 뭔 줄이나 알았을까? 흐릿한 불빛 아래서 프린트 용지를 보면서 엄마 몰래 미역국을 끓였을 딸아이의 엉성한 모습이 지금도 눈앞에 그려진다.

아들의 전복 미역국

① 인터넷으로 레시피를 찾는다.

② 식구들이 없을 때 전복을 사온다.

③ 인터넷에서 배운 대로 전복을 손질하고, 찬장 속의 미역도 찾아낸다.

④ 레시피에 따라 국을 끓인다.

⑤ 밀폐용기에 덜어 담고, 남은 국은 먹어 치운다.

⑥ 엄마에게 가져다 드린다.

2013년 내 50번째 생일에 아들이 끓여온 미역국이었다. 자칭 부자인 아들은 고기를 싫어하는 엄마를 위해 비싼 전복을 잔뜩 넣은 미역국을 끓여왔다. 요리에 관심도 있고 미각이 발달한 아들은 전복을 질기지 않게 알맞게 익힌 아주 고소한 미역국을 끓여왔다.

요리엔 서툴지만 아내를 위해 정성을 다했던 남편 그리고 인터넷 정보로 요리도 해내는 신세대 남매. 부정확하고 미숙하지만 이렇게 애정을 보여주는 가족이 있다는 것이 결혼 생활의 기쁨이 아니었을까.

14) 캐서린 제타 존스가 능력은 있으나 까칠한 세프로 나온 2007년 영화. No reservations (예약 불가)라는 원제처럼 예약 없이 찾아오는 인생의 변화들을 레시피 없이 해결해 나가야하는 모습을 주인공의 일과 사랑 그리고 가족을 통해 그렸다.

15. 아메리칸 퀼트

내 세 번째 직장은 보습학원이었다. 1995년부터 4년 정도 네 군데 보습학원을 차례로 옮겨가며, 아이들에게 영어를 가르쳤다. 학원이라고는 중학교 3학년 겨울 방학과 고등학생 시절 잠깐씩 다녀본 것이 전부였던 나에게 그 당시 학원이 그렇게 성업인 게 놀라웠다. 거의 모든 학생들이 학원을 다니며 학교 공부를 보충하고 있었다. 공부는 학교에서 배우고 스스로 익히는 것으로만 생각했던 우리 시대와 전혀 다른 풍경이었다.

학원특성상 초등학생부터 고등학생까지 다양한 학년을 하루에 전부 상대해야했다. 당시 우리 아이들이 유치원에 다니고 있었으니, 전체 취학 학생들을 매일 상대하던 시절이었다.

선생님 말에 고분고분 따르던 초등학교 저학년을 지나면, 아이들은 매사에 반항하고 잘난체하는 고학년이 되었다. 그리고 귀여운 태를 벗고 못생겨지면서 학업에 대한 관심이 극명하게 갈리는 중학생이 되었다. 어른인 척 하면서 대학입시에 매달리는 고등학생이 그나마 상대하기가 수월했다. 학교에 비해 학원은 인성보다 성적을 우선시하는 곳이었지만, 그래도 눈에 드는 아이들은 역시 바른 태도와 정 깊고 착한 애들이었다.

"선생님, 월급 갖고 왔어요"하면서 수강료 봉투를 흔들어대는 아이들도 있었다. 학원에서는 학생들을 가르쳤지만, 상담 상대는 부모들이었다. 대부분의 부모들이 언제든 선택 가능한 것이 학원이라고 생각하기 때문이었다. 부모님에게 전화를 하면, 거의 학생 어머니와 통화를 하게 되었다. 나는 어머니의 음성과 말투가 아이와 너무 똑같다는데 매번 놀랐다. 나는 그때마다 '콩 심은데 콩 난다'는 속담을 떠올리며, 가르친다는 것은 곧 나를 바르게 하는 일이라는 걸 새삼 깨닫곤 했다.

IMF 이 후 학원가는 직격탄을 맞았다. 학생들이 썰물처럼 빠져나갔다. 다른 길을 모색하던 중 나는 취미 삼아 퀼트를 배우게 되었다. 바느질은 은근 중독이 있었다. 시간 가는 줄 모르고 바느질을 했다. 중고등학교 시절, 가정시간이 싫지는 않았다. 그러나 영어, 수학만을 중시하는 학교 풍토상 기타 과목이라 치부되던 과목들은 사실 진로의 고려 대상은 아니었다. 나 역시 영문학을 선택했다. 그러나 퀼트를 배우면서 내가 가정, 가사 과목에 재미를 느끼는데다가 재능까지 있던 건 아니었나하는 생각이 들었다.

퀼트 작품을 하나씩 만들 때마다, 남편은 늘 옆에서 "그거 누구 줄 거야?"하고 물었다. 작품을 만들며 기법을 배우는 중이었지, 꼭 누구를 주려고 만드는 것이 아니었다. 그래서 나는 매번, "당신주려고"하고 대꾸를 했다.

취미로 재미있게 배우다보니, 강사 활동을 할 수 있다는 것을 알게 되었다. 강사자격증 취득을 위해서는 제법 큰 작품하나를 만들어야 했다. 나는 한국전통 병풍인 '일월오악도'를 서양 퀼트로 표현해 병풍을 만들기로 했다. 남편은 이번에도 작품을 만드는 8개월 내내, "그거 누구 줄 거야?" 하고 물었다. 나는 역시나 생각 없이 "당신주려고"하고 대답했다.

완성된 여섯 폭짜리 병풍은 심사를 받기위해 인천에서 강남까지 들고 가야 했다. 자가용이 없던 시절이었으므로, 남편은 지하철을 타고 그 병풍을 심사장까지 들어다 주었다.

그 후 그 병풍을 눈여겨 본 한 문화센터 지부장이 자신의 지부 전시회에 전시를 해달라고 요청을 해왔다. 이번에는 자가용이 있던 여동생이 그 병풍을 옮겨다 주었다. 어느 국회의원 보좌관이 그 병풍을 사고 싶다고 했지만, 나는 약속대로 그 병풍만은 남편을 위해 남겨 두었다. 그리고 남편의 환갑이 되면 그 병풍을 치고 환갑잔치를 해주겠다고 약속했다.

그 후 나는 문화센터 강사가 되었다. 어린 학생들을 가르치다가 여자 성인들만을 대상으로 가르치게 되었을 때, 나는 몸도 마음도 훨씬 편했다. 아이들을 가르치려면 수업내용만큼이나 아이들의 태도나 주변 분위기 통제가 중요했다. 아이들이 어린 탓도 있지만 본인의 의사와 무관하게 부모의 강요에 의해 온 아이들이 대부분이었기 때문이었다. 본인이 원하는 것을 배우러 왔다는 점에서 문화센터의 수강생과는 큰 차이가 있었다. 아이들과 달리 성인은 일단 이해력이 빨랐고, 여자이다 보니 여러 면에서 소통이 잘 되었다. 물론 여자 성인이라고 해서 모두 예의가 있는 건 아니라는 걸 차츰 알게 되었다.

문화 센터 수강생은 대부분 2,30대가 주를 이루었고, 직장인이나 주부가 대부분이었다. 집안 인테리어나 태교를 위해서도 배우지만, 취미를 넘어 전업이나 부업을 위해 배우는 경우도 많았다. 단순 반복하는 부분이 많은 바느질이다 보니, 새로 가르쳐야할 부분이 끝나면 바느질하는 동안 서로 이야기를 나누게 되었다. 연애, 결혼, 육아, 시댁, 남편, 요리 등등 여자라면 겪을 수 있는 이야기들이었다.

나는 퀼트 강사로 시작해서 차츰 꽃꽂이와 토피어리까지 가르치게 되었다. 그렇게 2010년 8월까지 10여 년간 문화센터 강사생활을 하게 되었다. 그 동안 나는 다양한 여인들을 만나게 되었고, 여자들의 다양한 이야기를 듣게 되었다. 그 중에는 물론 수강생도 있었고, 동료 강사도 있었다.

나의 가장 어린 수강생은 중학생이었다. 공예에 관심이 많아 퀼트를 계속 배우고 싶은데, 학교공부만 하라는 엄마 때문에 결국 학생은 배우기를 포기했다. 꼼꼼하고 집중력 있던 학생의 재능과 관심을 살리지 못하는 교육 시스템이 아이들의 엄마인 나도 안타깝게 느껴졌다.

학생들은 늘 학교 공부가 문제였지만, 결혼 한 여인들의 삶은 늘 남편이 문제였다. 그러나 다양한 방법으로 남편감을 만났고, 다양한 방법으로 어려움을 헤쳐 나가며, 열심히 살고 있었다.

열심히 일하는 모습에 반했다는 남자와 결혼했지만 일만한다고 바람피우던 남편. 시댁과의 갈등을 모른 척 팽개친 채 결국 별거로 내몰던 남편. 실패한 사업을 핑계로 바람을 피우며 가정을 깬 남편. 해외출장 갔다가 바람을 피우고, AIDS에 걸렸을까봐 전전긍긍하는 남편. 그런 남편의 손을 잡고 일년 내내 병원을 다녀야했던 아내. 애 셋을 키우며 요리도 잘하고 복싱다이어트에도 성공한 아줌마. 운영하던 학원의 연하남 수강생을 꼬셔 결혼했다던 학원 원장님. 가난하고 못 배운 남편과의 결혼 때문에, 아이 둘을 낳을 때까지 친정에서 문전박대 당했던 커리어 우먼. 산전 정기검진에서 기형아 판정을 받았던 임산부. 떡을 먹고 있으면서도 저녁밥 안 먹었다고 시침 떼며 남편전화 받던 신혼의 교사. 재료비 떼먹고 안 나타난 명문대생. 중국 가서 창업 준비 한다던 조선족 여인. 전업을 위해 따놓은 자격증을 안 찾아 가더니 결국 결혼했다던 여비서. 부처님께 꽃 공양을 하신다던 아주머니. 미니스커트에 달랑거리는 귀걸이 그리고 예쁜 용모 때문에 직업군인이라는 말에 깜짝 놀랐던 중위. 대학 시절 미팅에서 만난 남자의 형과 결혼하여 언어영재 딸을 낳은 아줌마. 아들 둘과 남편의 지지 속에 50이 넘은 나이에도 자신의 사업 영역을 넓혀가던 실장님. 돈가스 가게를 개업한 사장님.

세탁소 주인, 회사 경리, 유치원 선생, 에어로빅 강사, 경마장 아르바이트생.....함께 일하던 동료 강사들도 다양한 직업과 경험을 가진 사람들이었다.

어쩌면 사람들 눈에는 대부분의 수강생이나 강사들이 능력도 별로 없고 평범한 아줌마들로 보일 것이다. 그러나 나는 가정을 지키려 열심히 살고, 자신의 삶도 풍요롭게 가꾸려고 소박한 노력을 하는 여자들이 아름다워 보였다. 때때로 우리는 차를 나누고 음식을 싸와서 나누었다. 그리고 우리의 수다는 '힐링'이 되었다.

2008년 1학기에 나는 딸의 고등학교에서 퀼트를 가르치게 되었다. 특기나 재능을 가진 학부모가 반을 개설하여, 한 달에 한 번 있는 학생들의 특별활동 수업을 진행하는 것이었다. 봉사로 하는 학부모 명예교사인 셈이었다. 요즘 학생들이 손바느질을 할까했는데 12명의 여학생들이 모였다. 십자수는 남학생들도 한다던데, 퀼트반에는 남학생이 없었다.

가을에는 학교 전시회가 있었다. 손바느질이 학생들에게는 힘든 작업이었다. 서툴지만 모두 열심히 했다. 그래도 시간이 모자라, 정규 수업 외에 여름 방학 중에도 모여서 작품을 만들었다.

전시회를 보러갔던 나는 깜짝 놀랐다. 얌전히 앉아서 바느질만 하며 소극적으로 보이던 학생들이 이렇게 아이디어가 풍부하고 재기발랄 했었나? 학생들은 몇 가지 소품과 색지를 사용해서 공간 배경을 꾸민 후 작품을 전시하고 있었다. 그 동안 만든 작품수가 많지도 않았는데, 작품에 걸 맞는 주제를 정해 작품들을 멋지게 전시해 놓은 것이었다. 역시 아이들은 무궁무진한 가능성을 가진 존재였다.

퀼트를 하다보면 누군가는 뛰어난 창의력으로 눈에 띄는 퀼트 작품을 만들기도 하지만, 대부분은 주어진 도안대로 묵묵히 따라 퀼트를 한다. 작은 조각 천을 매순간 선택하고, 조화가 될 만한 다른 천을 찾아 이어붙이고, 또 솜을 대고 누벼야 한다. 힘들게 완성하고 나면 어울리지 않는 조각이 끼어 있기도 하고, 방심했던 순간들의 엉성한 바늘땀이 눈에 거슬리기도 한다. 하지만 작은 조각 천을 잡고 있을 때는 몰랐던, 수 십 또는 수 백 개의 조각이 만들어낸 완성품의 감동을 느끼게 된다. 사람들은 그것을 퀼트의 매력이라고 한다. 그래서 퀼트를 시작하면 그저 매순간 한 땀 한 땀 정성을 다하는 수밖에 없다.

그러고 보니 내년이 남편 환갑이다. 약속대로 병풍을 치고 잔치 상을 차려야 할 텐데. 그리고 병풍 속의 해와 달처럼 우리 부부도 그렇게 밤낮으로 빛나길 기원해야 할 텐데.

15) 위노나 라이더 주연의 1995년 영화. 결혼을 앞둔 핀에게 다섯 할머니들은 퀼트 조각마다 각자의 인생 이야기를 녹여낸 퀼트 이불을 만들어 선물한다. 아름다운 인생이란 기쁨과 고통의 무늬가 연결되어 만들어진다는 이야기.

16. 시네마 천국

나의 학창 시절 영화관에서 영화를 보는 것은 비행청소년이나 하는 일이었다. 선생님들은 컴컴한 영화관이 불온한 곳 인 듯 출입을 금지 시켰다. 학교에서 정해준 날에 정해준 영화만 일 년에 한두 번 보러갔다. 그리고 뭔가를 가르치려는듯한 교훈적인 영화는 나에게 늘 애국심이나 종교심 그리고 가족애를 강요했다.

1981년 고등학교 3학년 말, 학력고사를 치른 후였다. 홀가분함과 왠지 망친 것 같은 불안감을 친구들과 공유하려고 나는 난생처음 학교에서 허락하지 않은 영화를 보러갔다. 지금 생각하면 왜 토마스 하아디의 "테스"를 몰래 숨어서 봐야했는지 이해가 가지 않는다. 화면 가득 나스타샤 킨스키가 딸기를 베어 물던 매혹적인 장면은 지금도 잊을 수 없다.

대학시절은 장학금을 타기위한 공부와 방학 중 아르바이트 때문에 나에게 영화는 사치였다. 그 대신 나는 그즈음부터 KBS 텔레비전의 명화극장에 눈을 떴다. 우리 집 안방 윗목 한 가운데에는 네 발 달린 작은 장이 있었다. 접이식 주름 문을 열면 그 안에 텔레비전 화면이 나왔다. 여섯 식구가 모여 자는 안방에서 나는 텔레비전을 켰다. 텔레비전에서 나오는 푸른 빛 때문에 식구들이 깰까봐 나는 전전긍긍했다. 넥타이도 아닌 스카프를 셔츠 안에 넣어 입은, 굵은 뿔테안경의 정영일씨가 영화를 소개하고 나면 곧 영화가 시작

되었다. 무슨 영화든 늘 똑같은 목소리를 내는 남녀 주인공과 영어제목과는 다른 한글제목을 신기해하며, 나는 거의 매주 영화를 보게 되었다.

데이트를 하면 영화를 많이 볼 것 같았지만, 남편과의 데이트 기간은 짧았다. 그리고 결혼 후 보름만의 이별로 우리는 단 두 편의 영화를 함께 보았다.

아이가 태어나면 한동안 영화관에 못 간다는 말에 우리는 첫아이 출산을 앞두고 영화를 보러갔다. 그러나 지금은 제목도 생각나지 않는, 임산부가 보기에는 잔인한 영화였다. 찝찝함을 가득 안고 우리는 영화관을 나왔다.

아이의 출산 후 우리부부는 영화관에 가지 못했다. 유학중이라 남에게 어린 아기를 맡길 수도 없었지만, 감히 어린 아기를 두고 영화를 보러 간다는 상상조차 하지 못했다. 그런데 어느 날 저녁, 아랫집 독일 학생부부가 베이비 폰이라는 수신기를 들고 우리 집에 찾아왔다. 부부가 영화관에 갈 건데 베이비 폰을 맡기고 갈 테니, 혹시 울음소리가 들리면 집에 가서 아기를 다독여 달라고 했다. 자기 아이는 저녁에 잠들면 아침까지 푹 자기 때문에 깨지는 않을 거라고 했다. 나는 독일부부의 태도를 합리적이라고 봐야할지 무정하다고 봐야할지 고민했다. 무조건적으로 아이양육에 매달리는 한국부모와는 다른 태도가 놀라웠다.

몇 년 후 나는 아들과 함께 만화영화를 보러갔다. 그러나 아직 어렸던 탓인지 아들은 영화관을 돌아다니며 관객들에게 팝콘을 얻어먹느라 정신이 없었다. 나는 집중 못하는 아들 때문에 중간에 영화관을 나와야만 했다.

내가 영화와 다시 인연을 맺게 된 것은 1997년 IMF를 겪은 후였다. 보습학원 영어 강사였던 나는 학원가의 수강생들이 절반으로 줄어든 후 새로운 일을 모색해야했다. 그때 곧 각종 케이블 채널이 생기면서 영화수입이 많아질 거라는 소식을 접했다. 그리고 영상번역 작가라는 직업을 알게 되었다.

1998년 6월 초, 나는 CBS 방송아카데미의 영상번역 작가과정에 등록했다. 팝콘을 먹으며 영화를 보는 것과 영화를 번역하는 일은 전혀 다른 세계였다. 책자를 번역하는 일과도 많이 달랐다. 아무 생각 없이 보던 극장이나 텔레비전의 외화를 그 후 나는 새로운 눈으로 보게 되었다. 성우 과정 수강생들과의 협업도 나에게는 신선한 경험이었다. 함께 공부를 하며 나는 다양한 사람들도 만나게 되었다. 그리고 영화 잡지도 구독하고, 비디오방에서 많은 영화도 빌려다 보게 되었다. 비록 영상번역이 직업으로 연결되지는 못했지만, 대학졸업 후 다시 학생으로서 배우는 기쁨을 느꼈던 아주 행복한 시간이었다.

남편 역시 독일에서 IMF의 영향을 받고 있었다. 학위 논문을 쓰던 막바지에 송금이 끊기고, 결혼반지를 팔까 신장을 팔아야하나 고민하던 시기였다. 남편은 동네 극장에서 집표 아르바이트를 하게 되었다. 상영시작 전 손님들의 표를 받고, 영화가 시작되면 남편도 남은 자리에 앉아 영화를 보았다. 영화 상영이 끝나면 남편은 극장 바닥을 청소했다. 그렇게 남편은 극장에서 일하며 많은 영화를 보게 되었다.

고등학교 1학년이던 아들과의 갈등으로 나는 2006년 집안에서 텔레비전을 없앴다. 그 후 우리 가족은 한 달에 두 번 정도 주말에 영화를 보러갔다. 까칠한 중, 고등학교 자식 둘과 손잡고 영화관에 가고, 영화를 보며 팝콘을 먹고, 영화 이야기를 하며 집으로 돌아왔다. 딸이 고등학교 2학년이 될 무렵 자연히 영화관에 가는 횟수는 줄어들었다.

비록 스크린을 마주보고 가족이 함께 한 시간이었지만, 청소년 자식들과 나란히 붙어 앉을 수 있었던 특별한 순간들이었다. 아이들이 그 시간 영화 속에서 피 튀는 인생이든 숭고한 인생이든 뭐든지 느끼길 바랐다. 아이들은 영화가 주는 은유의 의미도 미장센의 의미도 알아낼 만큼 내 생각보다 더 성장해갔다.

2008년 봄 남편이 전주에 방을 구하게 되었을 때, 나는 남편을 위해 특별히 텔레비전을 사 보냈다. 빈방에서 텔레비전으로나마 사람 말소리를 들리게 하고 싶었다. 가끔 전주에 내려가면 덕분에 나도 텔레비전을 볼 수 있었다. 우리 부부는 주말 밤이면 EBS 영화를 주로 봤다. 우리가 가진 아날로그 텔레비전은 영화 화면의 양끝을 잘라먹거나 가끔은 화면 아래위에 여백을 남기며 가늘고 긴 화면을 내보냈다. 그래도 감동적이거나 이제는 촌스럽게 느껴지는 옛날 영화에 부부가 취하는 주말이었다.

2016년 7월 아빠의 생일 선물로 아이들이 디지털 텔레비전을 보내왔다. 보슬보슬한 흙의 질감까지도 느껴지는 화면의 마력에 내 아날로그 감성은 더 살아났다.

이제 아이들은 다 커서 친구나 애인과 영화를 보러간다. 어떻게 하면 영화표를 더 싸게 사는지, 극장 포인트는 어떻게 적립하는지, 내가 가진 할인카드가 뭔지, 인터넷 예약을 미리 해야 하는 건지...... 이제 우리부부에겐 영화관에 가는 것도 보통 복잡한 게 아니다.

나는 평생 소설과 영화를 통해 무수한 타인의 삶을 들여 다 보았다. 그 많은 삶들을 보고 공감했으면서도, 나는 여전히 내 삶을 예측하지도 통제하지도 못한다. 나는 여전히 삶이 어렵고 힘들다. 아마 내가 주인공처럼 열심히 내 역할을 하지 않은 탓일까 하는 반성도 해본다.

16) 1988년 이탈리아 영화. 고향을 떠나 유명한 영화감독이 된 토토가 어린 시절 자신의 꿈을 응원해주고 넓은 세상을 보게 해 준 고향마을의 영상기사 알프레도와의 추억을 회고한다.

17. 앵무새 죽이기

1999년 1월초 우리가족은 첫 해외여행을 했다. 네덜란드 북해 바닷가였다. 몇 번씩 갈아타야 하는 싼 주말 기차표를 끊었고, 버스를 타기도 하고, 추적추적 비 오는 낯선 북유럽을 걷기도 했다.

그 당시 우리부부는 한국과 독일로 헤어져 살고 있었다. 곧 끝나리라 기대했던 남편의 공부가 길어지면서, 커가는 아이들이 아빠의 부재에 대해 슬슬 불평하기 시작했다. 나는 어렵게 결단을 내렸고, 1998년 12월 겨울방학을 맞아 아이들과 함께 독일에 갔다. 그리고 힘들게 아르바이트를 하며 공부를 하던 남편은 가족 여행을 계획했다.

겨울의 호젓한 북해 바다는 끝없이 넓었고, 바람이 거세게 불었고, 커다란 갈매기가 무수히 날았다. 아침식사 때마다 방갈로 앞으로 뭐라도 얻어먹을까 거위 떼들이 몰려왔다. 내항에는 처음 보는 호화 요트들이 묶여있었다. 근처 실내 풀장에서 아직 수영을 배우지 못했던 딸은 난간을 잡고 꽃게 수영을 선보여 아빠를 웃게 했다. 거무튀튀한 땅, 창문이 커다란 집들, 집 앞까지 흐르던 물길, 로테르담 항구의 화물선들, 잔 세스칸스의 풍차, 일기장에 묘사된 그대로 열리던 안네의 집 책장과 글을 막 깨우친 딸아이가 쓴 방명록, 폐장시간에 찾아간 튤립꽃 시장, 기울어진 육면체 모양의 특이한 집, 동양인에게 호기심을 보였던 버스 안 초등학생들.

네덜란드 산은 우리나라 남산보다 낮다고 말하던 똘똘했던 아들은 아직도 미술관에서 보았던 고호의 해바라기를 기억한다. 우리 네 식구가 독일과 네덜란드에서 함께 했던 좋은 추억들을 간직하며, 우리 가족은 다시 일 년간 헤어져 살았다.

가족이 다시 모여 살게 되었지만, 가족모두 일정을 맞추어 해외여행을 하기란 쉽지 않았다. 그 사이 남편은 혼자 잦은 해외출장을 갔고, 아이들은 번갈아 연수목적으로 해외에 다녀왔다. 마침내 거의 18년만인 2016년 9월 10일, 가족 모두가 해외여행을 갈 수 있는 일정이 잡혔다. 남편이 일본에서 열리는 학회에 참석하는 기간 중에 결혼 28주년 기념일이 들어있었고, 마침 조교 일도 끝난 딸과 일본여행을 하지 못했던 아들까지 일정이 맞아 떨어졌다. 늘 그렇듯 남편은 비용을 대고, 아들은 비행기와 호텔을 예약하고, 나는 5박 6일 여행스케줄을 짜고, 딸은 면세점 사이트를 들락거렸다.

짧은 비행시간이었지만 출국 시 좌석이 비지니스로 업그레이드되어 우리는 무척 기분이 좋았다. 5박 6일을 우리는 교토에서 잘 먹고 잘 쉬었다. 좋은 호텔에서 자고, 맛있는 음식을 찾아 먹고, 아름다운 유적지를 골라 구경했다. 쓰레기 한 점 없이 깨끗한 거리, 작지만 규모 있어 보이는 가정집들, 안전운전 안내방송을 끊임없이 하던 버스기사, 좁은 길을 두 줄로 좌측통행하던 시민들. 유난히 맛있던 일본 쌀밥을 먹을 때마다, 이런 나라에 지진이 일어난다는 것이 안타깝기만 했다.

귀국길에 여행의 대미를 딸이 장식했다. 나리타 공항에서 탑승수속을 하고, 우리 가족은 출국장 안으로 들어왔다. 그리고 동전도 털어 버릴 겸, 한 카페에서 음료를 마셨다. 탑승시간에 맞춰 탑승구로 이동한 우리는 딸이 자신의 티켓과 여권을 카페에 놓고 온 것을 알았다. 출발 시간이 얼마 남지 않은 상황이어서 우리는 몹시 당황했다. 항공사 직원과 딸아이는 황급히 카페로 이동했고, 나머지 가족 셋은 기내로 탑승했다. 딸아이 때문에 비행기 출발이 늦을지, 딸아이가 나중에 혼자 오게 될지, 아니면 수화물만 먼저 보내고 우리 가족모두 다음 비행기를 타야할지, 머릿속이 복잡해졌다. 다행히 여권과 티켓은 카페에 그대로 있었고 비행기는 제시간에 이륙했다. 옆자리에 나란히 앉아있던 딸과 남편은 귀국 비행 내내 서로 한마디도 하지 않았다.

둘째 아이를 갖자고 했을 때, 결혼 전 그렇게 아이들을 좋아하던 남편은 반대했다. 유학중 둘째라니. 임신을 했을 때 시댁식구들은 축하하지 않았다. 유학중 둘째라니. 딸이 태어났을 때, 시아버지는 4년 전 셋째형님네 딸 이름이 될 뻔했던 이름을 다시 건넸다. 태몽으로 보석 꿈을 꾸었던 나는 "보배 진(珍)"을 넣어 이름을 지었다. 태어날 때부터 아들은 엄청난 아토피 피부와 까탈스런 입맛 그리고 한시라도 엄마와 떨어지지 않으려고 해 나를 힘들게 했다. 그러나 아들과 달리 딸은 피부도 좋고 뭐든지 잘 먹었고 성격도 순했다. 자기주장이 강해 들어 줄때까지 고집을 꺾지 않았던 아들과 달리, 딸은 상황을 설명하면 잘 받아들이고 보채지도 않았다. 나는 딸을 키우며 이런 아이라면 열 명도 키울 수 있겠다 싶었다.

딸은 여자형제 없이 자란 남편에게 큰 기쁨이었다. 그러나 남편에게는 귀여움의 대상이었지만, 나에게는 딸이 같은 여자로서의 연민과 동류의식이 내재되어 있었다. 남편의 딸에 대한 로망대로, 어쩌면 어린 시절 나의 로망처럼, 나는 딸의 기다란 머리를 포니테일로 묶거나, 양 갈래로 땋거나, 만두머리로 올려 묶고 원피스를 입혔다. 무엇보다 딸은 애교가 많았고 손재주도 좋았다. 무엇이든 열심히 배웠고 그림도 잘 그리고 수영도 잘했다. 초등학교 시절에는 옛날 이야기를 즐겨 읽더니, 중학교 시절에는 일본만화를 좋아하고, 해리포터를 즐겨 읽기 시작했다.

공부하는 남편 때문에 우리가족은 어디로 이사를 하든 항상 남편의 책상과 책장 놓을 곳부터 살피게 되었다. 애들이 어려서는 무조건 방하나는 아빠 서재였다. 방 개수는 늘어났지만 아이들이 커서 학교에 가게 되자, 남매가 각각 방을 하나씩 차지하게 되었다. 그래서 내게 남겨지는 곳은 늘 부엌이었다. 어차피 식사시간이 아니면 식탁은 비어있게 마련이라, 나는 늘 빈 식탁에 앉아 책을 읽거나 바느질을 했다. 어려서부터 딸은 엄마가 하는 일에 관심을 갖고 잘 따라했다. 자기 방에 책상이 있는데도 불구하고 매번 책을 들고 나와, 내 앞에서 책을 읽거나 숙제를 했다. 딸이 자라는 내내 우리 모녀는 늘 식탁에 마주 앉아서 각자의 일을 했다.

딸이 중3이 되던 해에 이사 왔던 그 집은, 구조상 식탁이 화장실 앞에 위치할 수밖에 없는데다가 조명이 없어 어두웠다. 나는 거실에 밥상 두 개를 연결하여 유리를 덮고 좌탁으로 활용했다. 그때부터 딸의 눕는 버릇이 생기기 시작했다. 식탁 의자에 앉아야 하던 때와 달리 좌탁 앞에서 딸은 굳이 똑바로 앉을 필요가 없었다. 딸은 거실 좌탁 앞에 앉아있는 내 다리를 베게삼아 드러누웠고, 책을 손에 들고 보기 시작했다. 다리가 저려온다고 하면, 다른 쪽 다리를 골라 베었다. 옆으로 누워 책을 보면 가자미눈이 된다고 해도 아랑곳하지 않았다. 그렇게 좌우로 누워 공부하는 습관은 3년 내내 계속되었다.

그런데 고3이 되자 딸이 척추를 세우고 일어나 앉기 시작했다. 지금 생각해도 대한민국 고3이라는 긴장감은 어쩔 수 없었나 보다.

일 년에 한차례씩 응급실에 가기도 했지만, 딸은 사춘기도 무난히 넘기고 대학생이 되었다.

어려서부터 그림에 두각을 나타낸 딸은 화가가 되기를 꿈꾸었다. 그러나

화가는 취미로 하라는 아빠의 말이 어린 딸에게는 부담이 되었다. 화가는 실질적 생계를 책임질 직업이 되지 못 할 거라 생각한 딸은 차선으로 의류학과를 지망했다.

싫어하는 과목도 억지로 해야만 했던 고교시절과 달리, 원하던 학과에서 실컷 좋아하는 공부를 할 것처럼 굴던 딸은 대학에 들어가자 태도가 바뀌었다. 일찌감치 수시합격을 한 후, 화장품에 취미를 들이기 시작했다. 이제 모든 것이 자유라고 생각했는지 대학 일 년을 술과 미팅으로 보냈다. 애교가 많고 여성스런 면이 돋보였던 딸은 미팅에서도 빛을 발한 것 같았다. 그러나 어찌된 일인지 애인을 만드는 데는 실패했다. 뿌린 대로 거두는 법이라, 이학년이 되자 딸은 소위 학점 갈아엎기에 매진했다. 그 후 장학금도 타고 문화 봉사단 활동도 하며 즐거운 대학생활을 해나갔다.

2013년 8월 딸아이가 영국으로 연수를 가기 전, 흔하지 않고 한눈에 여자이름 같지 않은 영어 이름을 지어 달라고 했다. 사실 외국인이 발음하기 힘든 돌림자 때문에, 이름을 불러야 친해지는 영국에서 필요한 듯싶었다. 딸의 한국 이름, 전공과목, 내가 바라는 딸의 미래상, 당시 영어권 유행 이름을 고려한 끝에, 나는 "하퍼(Harper)"라 지어 주었다. "하퍼 리"는 내가 좋아하는 작가이기도 했다. 나는 딸이 그녀의 작품 속 "스캇티"처럼, 평등한 가정에서 자라고 편견 없는 정의로운 사회에서 살아가기를 바랐기 때문이었다.

우리부부는 경제적으로는 풍요롭지 않았지만 그렇다고 특별히 결핍을 느끼게 딸을 키우지도 않았다. 많은 대화와 애정 어린 스킨십이 우리 부부의 양육방식이었다. 특히 딸에 대한 사랑표현이 심했던 남편은 늘 어쩔 줄 몰라하며, 딸의 부탁이라면 "해도 달도 따다 줄 것"처럼 굴었다.

초등학교 시절부터 딸은 가끔 남편에게 초상화를 그려 선물했다. 남편은 세상 어느 화가가 그려준 것보다 더 좋아했다. 아이들에게 가능하면 많이 보고 많이 경험할 기회를 주고자했던 우리 부부는 딸이라고 특별히 단속하지 않고 무엇이든 하도록 허락해주었다. 남편은 스페인과 일본에서 열리는 학회에도 딸을 데리고 갔고, 공식 일정이 끝나면 딸과 여행을 하고 돌아왔다. 영국과 캐나다에 연수를 보냈고, 친구들과의 외박여행도 해외여행도 우리는 흔쾌히 허락했다.

가족들의 전폭적인 지지와 사랑을 받으며 자유롭게 자란 딸은 늘 자신감 넘치고 자기 의견을 말하는데 주저함이 없었다. 나이 어린 사람들에게 무조건적인 복종을 바라는 어른들은 "너는 내가 어렵지 않냐, 어디서 눈을 똑바로 뜨고 쳐다보냐"는 말을 딸에게 했다. 그러나 나는 어른에게 예의는 갖추고, 부당함에는 당당히 저항하라고 너를 교육시킨다는 말을 해주었다.

사랑스런 딸에게도 가족을 끊임없이 괴롭히는 치명적인 단점이 있었다. 화장은 하되 화장대는 늘 지저분했고, 옷은 좋아하되 벗은 옷은 옷걸이에 걸지 않았으며, 누워있기를 좋아하되 이불은 개지 않았고, 먹는 걸 좋아하되 요리는커녕 설거지도 하지 않았다. 함께 생활해야하는 가족들은 딸의 흔적을 따라다니며 늘 치워야했다. 나야 그렇다 쳐도 때로는 보다 못한 아들이나 남편이 딸의 뒷정리를 감당해야했다. 가족들이 늘 치우고, 잔소리를 해도 딸은 변하지 않았다.

딸의 단점이 드러날 때마다 직접적으로 비난받는 것은 늘 나였다. 남편은 딸 방이며 화장대 그리고 책상 위를 청소하고, "뭐 필요한 거 없어?"라고 늘 물었지만, 딸을 직접적으로 훈계하는 일은 하지 않았다. 자식들과 많은 시간을 공유하는 엄마가 자식교육의 책임자라 생각하고 자식들의 잘못 된 점은 늘 나에게 불평하였다.

딸의 그러한 단점 때문에 나의 양육 방식은 가족들에게 지탄받았다. 그

동안 무엇이든 도전할 수 있다는 자신감을 심어주기위해, 나는 딸에게 넓은 세상을 미리 안내해주고, 기회를 준비해주고, 도와주었다. 남편은 자신의 젊은 시절 주변에 자신의 미래를 안내해주거나 상의할 만한 사람이 없었던 것을 늘 아쉬워했다. 그리고 제자들에게 조언해주길 즐겼다. 그러나 자식의 일에 대해서는 어쩐 일인지 내가 '헬리콥터 맘'이 돼서 자기 인생의 공허함을 자식을 통해 보상받으려 한다고 생각했다. 아들 역시 불우한 어린 시절을 보낸 엄마가 자신이 못해본 것들을 딸에게 다 베푼다고 생각했다.

사실 하고 싶은 것이 많았던 어린 시절, 나의 집안은 가난했고 배우지 못한 부모님들은 내가 하는 것을 지켜만 보았다. 세상밖에 무엇이 있는지, 내가 무엇을 할 수 있는지, 누구를 만나야하는지 나는 막막했다. 배운 엄마인 나는 이미 알고 있는 경험과 지식으로 딸이 아직 알지 못하는 가능성을 알려주고, 능력을 키워주어야 한다고 생각했다. 그러나 이러한 나의 의도와 달리 딸은 주어진 기회를 더 잘 이용해보려는 의욕도 노력도 부족해 보였다. 그것을 바탕으로 다른 무엇을 해보려는 의지나 계획도 없어보였다. 그냥 보살핌 속에서 보호받고 안주하려는 듯 보였다. 딸에게서 부지런함과 치열함이 보이지 않자, 다른 사람들 눈에는 딸의 의지나 능력에 상관없이 자신의 못 다 이룬 꿈을 대신할 존재로 딸에게 매달리는 엄마로 보였던 것이다.

가족의 막내로서 늘 어리광만 부리고 단점만 노출하는 딸이었지만, 남편의 표현대로 딸은 속 깊은 면이 있었다. 한 달간 돈 한 푼 안 받고 노예처럼 부리는 인턴생활도 매일 울먹이면서도 잘 해냈다. 대학원에 진학하게 되자 우리부부에게 상의도 없이 조교자리를 알아보았다. 교수와의 갈등을 견디며 일 년간이나 조교생활을 해냈다. 매일 퇴근 후 지쳐 쓰러지면서도 다음날 어김없이 출근시간을 맞춰나갔다. 어리고 철없게만 딸을 보았던 우리부부는 미쳐 알지 못했던 딸의 책임감과 속 깊은 면을 알게 되었다.

딸이 대학을 졸업한 후 영국으로 유학보내기를 희망했던 나와 달리, 남편은 국내 대학원 진학을 권유했다. 남편 자신이 국내 대학원을 나오지 않고 더구나 전공을 바꾸어 유학을 감으로써 국내 기반이 없었다는 이유였다. 그러나 딸의 전공 분야에 대한 정보가 없던 남편은 FIT나 Parsons에도 박사 과정이 있는 것으로 오판했다. 나와 딸은 석사를 국내와 해외에서 두 번 하라는 남편의 뜻으로 이해했고 딸은 대학원에 입학했다. 그러나 대학원 과정 내내 자신의 학문적인 호기심과 기대를 충족하지 못한 딸은 대학원 졸업 후 진로를 다시 고민했다. 충분히 자신감을 갖고 도약하리라 기대했던 우리 부부는 딸의 좌절 앞에 다시 무력감을 느끼게 되었다.

"저걸 두고 눈을 감을 수 있을까?" 허술한 딸의 행동을 볼 때마다 남편은 근심어린 말을 했다. 그러나 딸이 자라면서 남편은 "우리 딸이 시집가면 내가 많이 울 거 같다"는 말을 더 자주 했다. 딸은 그 말조차 남녀 차별적이라며, 시집을 안 갈거니 아빠가 울 일은 없을 거라고 했다.

어린 시절부터 아빠에게 사랑을 듬뿍 받고 자란 딸은 아빠의 사회적 역할에 관심을 보이며, 아빠를 훌륭한 사람이라고 생각했다. 사회적 역할이 없던 나는 사회적으로 성공하는 아빠가 딸의 본보기가 되기를 바랐다. 그러나 성인이 된 딸은 가족 내 아빠의 역할과 엄마 배우자로서 아빠의 행동에 더 관심을 보이기 시작했다. 그리고 인간이자 남자인 아빠가 하는 행동들에 실망감을 내비치기 시작했다. 나는 그 과정이 어쩌면 딸이 성인으로 더 성숙해가는 과정이라는 생각이 들었다. 그 누구도 완벽한 우상이 될 수 없고, 세상의 위선에도 맞설 수 있는 사람이 되가는 계기가 될 거라는 생각이었다.

나는 딸에게 늘 말한다. 엄마가 살아보니 사람의 능력이란 큰 차이가 없더구나. 누가 꾸준히 자기 할일을 성실히 해왔느냐가 결국 보상을 받는 것이란다. 너의 능력을 믿고 좋아하는 일을 찾아 꿈을 실천하렴. 그 속에서 경제적으로도 독립하고 인간관계도 만들면 언젠가 남을 도울 수 있는 능력도 생길거야.

그러려면 우선 네 몸과 네 주변을 돌보는 습관을 가져야 해. 네 건강을 지키는 법과 주변 정리정돈 하는 법을 배우렴. 옆 사람에 대한 배려심도 키워야해. 그래야 언젠가 네 옆 사람이 너를 돕는 순간이 있을 거야. 영원히 엄마가 널 도울 수는 없잖니.

17) 1960년에 출간된 하퍼 리의 소설. 1962년 그레고리 펙 주연으로 영화화 되었다. 소설 속 이야기의 후속편격인 "파수꾼"이 2015년 출간되었다. 흑인차별이 여전한 미국남부 지방의 정의로운 변호사이자 자애로웠던 어린 시절의 아버지 그리고 성년이 된 후 알게 된 아버지의 또 다른 모습을 담았다.

18. 마천루

친정집 겉모습은 단층양옥 그대로인데, 집안으로 들어서니 강당처럼 넓었다. 많은 사람들이 모여 잔치를 벌이고 있었다. 음식을 준비하는 고모도 보이고 종조할아버지도 보였다. 나는 옥상으로 올라갔다. 옥상에서 올려다본 하늘에는 몸통이 커다란 용이 하늘을 가로질러 떠있었다. 너무 길고 커서 용의 얼굴과 꼬리는 저 멀리 보이지도 않았다. 몸통 군데군데를 구름이 휘감고 있었다. 생각해 보니 용의 머리가 향한 곳은 궁궐 쪽이었다. 나는 눈물을 흘리며 하늘을 바라보다 꿈에서 깼다.

당시에는 '태명'이라는 개념이 없었다. 하지만 나는 "이몽룡" 엄마로 불렸다. 내가 태어나던 1960년대나 내 아들이 태어나던 1990년대나 아들 선호사상은 변함이 없었다. 시아버지는 아들이 태어나기 전부터 남자아기 이름만 지어놓고 계셨다. 아들은 시댁에서 큰조카이후 10년 만에 태어나는 손자였고, 친정에서는 첫 번째 손주였다. 아들은 독일에서 태어났지만 한국 가족들의 큰 관심을 받았다.

당연히 우리부부에게 아들은 첫아이로서 크나큰 기쁨이었다. 아들은 우리부부에게 임신, 출산, 수유, 양육의 기쁨과 고단함을 처음으로 알게 해준 경이로운 존재였다. 아들의 탄생은 우리부부의 생활을 송두리 채 바꿔놓았다. 남편과 함께 도서관에 가고, 집안일을 분담해서하고, 함께 장을 보던 둘만의 생활은 점차 아들 중심으로 바뀌어갔다. 남편은 아침부터 저녁까지 도서관으로 나가고, 나는 집에서 '독박육아'에 매달리는 전형적인 부부역할 분리가 시작되었다.

아들은 태어 난지 얼마 안 돼 꼬박 한 달 동안 밤낮을 거꾸로 지내 우리 부부의 진을 빼놓았다. 남편 집안의 병력을 고스란히 물려받은 아들은 태열인줄 알았던 피부가 점차 아토피 피부염으로 변했다. 어린 시절 내내 가려움과 진물, 벌건 피부로 인해 우리부부의 마음을 아프게 했다. 생후 7개월쯤 되었을 때 나는 아들의 목이 한쪽으로 기울어지는 것을 발견했다. 그리고 목 근육을 푸는 몇 주간의 운동치료를 받게 되었다. 결혼 전 첫째 시아주버니의 살짝 기운 목을 유심히 보았던 나는 이것 또한 '남편 집안의 유전'인가 하는 생각이 들었다.

아들은 모유이외에는 잘 먹지를 않아 이유식을 힘들게 했다. 엄마와 잠시라도 떨어지지 않으려고 해서 키우는 내내 팔에 매달고 살아야했다. 그 후 대학 부설 탁아소에 적응하는 한 달 내내 울었고, 결국 탁아소 입소를 거부당했다. 큰 눈과 올망졸망한 코와 입을 가진 예쁘장한 아들의 모습을 딸로 착각하는 사람도 있었다. 겉모습처럼 아들은 성격도 소심하고 늘 겁이 많았다. 그러나 아들은 대소변을 가리거나 기저귀를 떼는 것에 빨리 적응했고, 말문이 일찍 트인 후에는 언어적 표현력이 뛰어난 편이었다.

아들이 26개월 때 딸이 태어났다. 다른 아이들과 마찬가지로 아들 역시 몰래 동생을 때리거나, 동생은 놔두고 자기하고만 놀아달라고 떼를 쓰기도 했다. 이 시기가 내가 두 아이를 키우며 제일 힘들었던 시간이었다. 그러나 딸이 기어 다니기 시작할 때쯤, 아들은 동생이 반응을 보이며 함께 놀 수도 있다는 것을 알고 오빠다운 모습을 보이기 시작했다.

1994년 가을 두 살, 다섯 살이 된 두 아이와 한국으로 돌아온 나는 친정에 얹혀살기 시작했다. 아이들은 그간 습득했던 독일어를 단 일 주일 만에 잊고 한국어를 쓰기 시작했다. 그 무렵 아들 주변에는 나, 딸아이, 친정엄마, 친정여동생, 나의 할머니, 이웃집 아줌마들 온통 여자뿐이었다. 일주일에 한 번씩 보는 친정 남동생과 친정아버지 그리고 남편과의 전화통화가 아들에게는 유일한 남자들과의 접촉이었다.

귀국 후 나와 시댁식구들과의 갈등은 어린 아들에게 큰 정서적 타격을 주었다. 원래 예민한 성격이었던 아들은 나와 시어머니 사이에서 어떻게 행동해야하는지, 경제적 상황이 가족 간에 어떤 영향을 미치는지를 아는 더욱 조숙한 아이가 되었다.

여섯 살이 되어 아들은 유치원 대신 미술학원을 다녔다. 친정 동네에 하나뿐이었던 유치원은 이미 모집이 완료되었고, 유아교육을 담당하던 동네 사설학원들은 열악했다. 어쩔 수없이 차선으로 선택한 미술학원은 결과적으로 관찰력과 표현력을 키우는 좋은 선택이 되었다. 아들은 음악에는 소질은커녕 관심조차 없었다. 그 시절 바이올린 교습도 중학생시절 기타 교습도 아주 불성실했다.

1990년대 중반 보습학원 영어강사였던 나는 오후에 출근하고 밤늦게 퇴근했다. 오전에 아이들을 미술학원에 보내고 집안일을 하고, 오후에 아이들이 미술학원에서 돌아오면 친정에 맡기고 출근을 했다. 아직 어렸던 딸과 달리 여섯 살이 된 아들은 친정엄마의 말을 잘 듣지 않았다. 아들은 텔레비전을 보느라 매일 해야 할 숙제도 하지 않았다. 내가 퇴근할 시간이 되면 부랴부랴 숙제를 하고 친정집에서 자는 척 했다.

친정집에서 2백 미터 거리도 안 돼는 곳에 우리 집이 있었다. 그러나 말 안 듣는 아들을 재촉해서 매일 저녁 집까지 데려다 주는 것이 힘들었던 친정엄마는, 퇴근하고 들어서는 내게 매일 푸념을 했다. 아이들이 친정에서 잠들면, 나는 나대로 다음날 미술학원에 가야하는 아이들 때문에 집과 친정을 두 세 차례 왕복해야 했다. 초등학교 입학을 앞둔 만큼 나는 아이의 학습과 정서문제도 걱정이었다. 나는 딸만 오전에 미술학원에 보내고, 아들과 오전 시간을 집에서 함께 보냈다. 그리고 내가 학원에 출근하는 오후에 아들을 미술학원 오후반에 보냈다. 자연히 친정 엄마와 아들이 부딪치는 시간이 줄어들었다.

아들은 초등학교에 입학하며 남자 담임을 만났다. 그러나 주변이 온통 여자든 남자든, 어린 시절 아들은 선천적으로 활동적이고 거칠기 보다는 온순하고 다정다감한 성격이었다. 학생시절 깁스를 서 너번씩 하는 보통의 남자 아이들과 달리, 아들은 조심성이 많아 넘어지는 일도 별로 없었다.

초등학교 2학년이 된 어느 날, 아들이 학교에서 오더니 자신이 반장에 선출되었다고 했다. 나는 내 귀를 의심했다. 반장에 당선되었다는 사실보다 반장선거에 입후보 하겠다고 손을 들었다는 사실이 놀라웠다. 활달하고 나서기보다 늘 조용하고 수동적인 모습만 보아왔기 때문이었다. 그 후 계속해서 반장을 하던 아들은 6학년 때 전교 부회장에 당선되었다. 그러나 경제적으로도 시간적으로도 나는 아들이 반장하는 내내 학교에 치맛바람을 일으키는 엄마가 되지 못했다.

비행기 장난감을 좋아하던 아들은 초등학교에 들어가기 전부터 비행기 조종사가 되는 게 꿈이었다. 하늘에 떠가는 비행기를 올려다보며, 항공사에 다녔던 나도 모르는 비행기 기종을 알아 맞혔다. 그러던 아들은 초등학교 2학년 무렵 시력이 나빠져 안경을 쓰게 되었다. 병원에서 안경을 써야 한다는 말을 듣고 아들은 대성통곡을 했다. 그 후 아들은 자신의 꿈을 항공사 회장으로 바꿨다.

아들이 초등학교 4학년이 되던 2000년 남편이 학업을 마치고 귀국했다.

아빠와 오랜 세월을 떨어져 지냈고, 학교든 학원이든 집안이든 여자가 많은 환경에서 자라던 아들에게 아빠는 큰 롤모델이었다. 남편은 아이들 이야기에 성실히 대답을 해주고, 귀가 때는 늘 아이들에게 먹을 것을 사가지고 들어왔다. 특히 아들의 관심은 아빠의 전공분야와 유사한 점이 많았다. 자신의 질문에 자세히 답변해주는 아빠를 보며 아들은 "완벽하고 최선을 다하는" 사람으로 아빠를 생각했다. 이 대학 저 대학 시간강사 생활을 시작하는 아빠의 모습도 아들의 눈에는 "성실하고 발로 뛰는" 좋은 아빠였다.

아들은 초등학교 5학년부터 본격적인 사업가의 꿈을 키웠다. 그러나 이즈음부터 아들의 사춘기도 시작되었다. 아들은 짜증과 우울이 늘었고, 나에게 안하던 반항을 하기 시작했다. 6학년이 되면서 친구들과 학원을 가기도 거부하고 집에 오면 늘 침대에 누워만 있었다. 나는 아들의 독립심을 위해 어린 시절 사주었던 침대를 끌어내어 버렸다. 그리고 사춘기 아들과 어떻게 풀어나가야 할지 막막했다. 그래서 남편에게 아들과 단 둘이 등산이라도 가서 남자끼리 이야기를 해보라고 몇 번 부탁을 했다. 그러나 귀국 후 자신의 입지를 다지기 위해 정신없는 시간을 보내야했던 남편은 자식문제에 관심을 두지 않았다.

유치원 시절부터 뉴스와 신문, 시사 주간지에 관심을 보이던 아들은 정치와 경제 분야에 관심이 많았다. 초등학교 6학년 때 경제캠프에서 수상을 하며 아들은 대교TV에서 인터뷰를 요청받았다. 아들은 아주 의젓한 모습으로 TV촬영에 임했다. 나는 어린 나이에도 불구하고 언론 앞에서 대범한 모습과 논리적인 말솜씨를 보이는 아들이 참으로 신기하기만 했다. 신문을 열심히 보던 아들은 차츰 주식 시장에도 눈을 뜨기 시작했다.

중학생이 되어서도 아들은 리더십을 발휘했다. 반장이 되었고 전교학생회장이 되었다. 여전히 시사 문제에 관심이 많았고, 토론을 하거나 주어진

주제를 탐구하여 보고서 쓰는 공부를 좋아했다.

아들이 다니던 중학교는 낙후된 지역 산동네에 위치한 사립중학교였다. 전교생중 4년제 대학을 나온 엄마는 내가 유일했다. 결손 가정이 많았고, 급식지원대상자가 많았다. 급식파동으로 단체 급식을 못하는 경우, 도시락을 싸오지 못해 굶는 학생이 한 반에 서 너 명 씩 되었다. 아들은 나에게 상의 한마디 없이 자신의 용돈으로 도시락을 사서 친구들 락커에 넣어주었고, 쌀을 사서 집으로 배달해 주었다.

열악한 환경이다 보니 부모들이 일찍 돌아가시는 아이들도 생겼다. 중학교 3학년이던 아들은 일가친척도 오지 않는 친구 아버지의 장례식에서 운구를 했다. 경제적으로 어렵고 불우한 친구들을 보며 아들은 약자에 대한 관심을 갖기 시작했다. 국가도 해결하지 못하는 가난을 자신이 꿈꾸는 사업을 통해 도울 수 있는 방법에 대해 생각하기 시작했다. 아들은 그라민 은행과 발렌베리 시스템에 대해서도 알게 되었다.

그러나 이 시절부터 아들은 학교생활 보다, 자신의 꿈인 그룹 회장이 되기 위한 '회사 놀이'에 열중하기 시작했다. 모든 자신의 인맥을 동원해서 그룹 조직을 만들고, 모의주식을 발행하여 학생신문을 발행했다. 학교 공부는 물론 학원에 가는 것도, 매일 학습지를 하는 것도 뒷전이 되었다. 그럼에도 불구하고 아들은 자신만의 특기로 특목고에 진학하기를 원했고 번번이 실패했다.

서울로 출퇴근하는 남편과 아들의 교육문제 그리고 오랜 친정 옆에서 도움을 받던 생활에서 독립하고자, 우리 부부는 남편 직장 가까운 곳으로 이사를 결정했다. 살던 집의 전세 기한이 만료되던 2005년 5월 우리는 서울로 이사를 했다. 중학교 3학년이던 아들은 졸업할 때까지 친정에 두기로 했다.

아들은 고등학교에 진학하며 한 달에 10만원씩 용돈을 받았다. 용돈을 받기 시작하며 아들은 유니세프에 1할을 기부했다. 우리 집 경제상황 역시 넉넉한 편은 아니었지만, 늘 더 어려운 사람들을 생각하는 아들이 기특했다. 길을 가다가 노인이 길 모퉁이에 앉아 물건을 팔고 있으면, 아들은 양말이든 파든 오이든 뭐든지 한 아름 사왔다. 아들은 늘 나에게 입양아를 돌보는 위탁모를 하라고 졸랐다. 사회적 약자에 대한 말은 남편이 많이 하는 편이었다. 남편은 자신이 정치학을 공부하게 된 계기가 선주였던 아버지와 선원들 간의 불평등이었다는 이야기를 하곤 했다. 그러나 현실에서 사회적 약자를 위한 실천을 하는 것은 늘 아들이었다.

특목고에 진학하지 못한 아들은 학교에 대한 자부심도 느끼지 못했고, 강제로 해야 하는 입시 공부도 싫어했다. 그리고 2006년 8월 그 동안 모아둔 500만 원정도의 용돈을 기반으로 주식투자를 시작했다.

고등학교 1학년을 마치며 아들은 학교를 자퇴했다. 그리고 한국의 워런 버핏을 꿈꾸며 전업 투자자의 길을 가기 시작했다.

미술학원 유치부 오후반을 보냈던 아들의 어린 시절 이후로 나는 다시 아들과 집안에서 많은 시간을 보내게 되었다. 집안에만 있는 아들을 위해 나는 가끔 아들과 동네 맛 집을 찾아 단둘이 점심을 먹었다.

2007년 3월 아들이 현대자동차 주주총회장에서 한 발언은 전국적인 뉴스가 되었다. 아들은 온갖 대중 매체에 노출되었고, 손석희씨, 김미화씨의 라디오 시사 프로그램에서 인터뷰 요청이 들어왔다. 어떤 매체 앞에서도 주눅 들지 않고 자신의 의견을 막힘없이 표현하는 아들이 나는 대견했다. 그 나이에 관심 있는 분야가 있고, 미숙하더라도 그에 대한 자신만의 시각을 갖는다는 것이 쉬운 일은 아니기 때문이었다. 그러나 어린 아들을 바라보는 많은 대중의 시선은 곱지 않았다. 부모까지 싸잡아 비난하는 대중과 자신의 의도와 무관하게 편집되는 언론의 속성을 알게 된 아들은 그 일로 상처를 받았다.

2007년 12월 아들은 자신이 수익 낸 돈으로 스스로 계획한 한 달간의 인도 여행을 떠났다. 가난하고 덥고 지저분하고 냄새나는 나라를 보며 아들은 그 속에서 살아가는 사람들에 대한 연민을 잔뜩 안고 돌아왔다. 아직 어렸고 혼자 하는 여행이라 걱정을 많이 했는데, 아들은 인도를 보며 사회적 약자에 대한 자신의 생각이 더욱 깊어진 듯 했다.

아들은 가끔 비행기 특가가 나오면 첫 비행기를 타고 제주도에 갔다. 한라산을 등반하고, 마지막 비행기로 돌아왔다.

아들은 그렇게 자기 인생을 결정하고 실천해 나가고 있었다. 그러나 남편과 나는 아들을 받아들이는데 있어서 어긋난 시간차를 보이며 갈등을 계속하고 있었다. 사춘기 시절부터 아들의 관심사와 학교 교육 간에 많은 고민이 있었지만, 자퇴를 결정하며 나는 아들의 뜻에 따르기로 마음을 접은 상태였다. 그러나 나와 같은 생각인줄 알았던 남편은 주변 사람들의 자녀가 공교육을 통해 명문대에 입학하기 시작하자, 자신의 엘리트 의식을 표출하기 시작했다. 결국 남편과 나 그리고 남편과 아들 사이에 몇 년간 갈등이 계속 되었다.

아들의 결정을 존중하기 까지 우리는 많은 고민이 있었다. 부모인 우리조차 가보지 않은 길이었다. 체육이나 음악, 언어 특기도 아닌 아들의 관심사를 재능으로 보는 사회적 분위기도 아니었다. 대학의 특기자 전형이나 글로벌 리더 전형도 결국은 공교육을 통한 성적 우수자를 뽑는 또 다른 이름일 뿐이었다. 서류전형에 통과해 면접을 보게 된 대학조차, 고등학교 문과 교육과정에 포함되지도 않는 미적분 문제를 면접시험으로 보았다.

정규 교육으로 충족시킬 수 없는 아들의 관심 분야를 어떻게 발전시키고 조언해야하는지 나는 엄마로서 막막했다. 나는 무력했고 지켜볼 뿐이었다. 많은 사람들이 미국 유학을 추천했지만, 우리는 그 당시 그럴만한 형편도 아니었다. 오히려 아들 본인이 자신이 해야 하고 필요한 것을 더 잘 알고 있었다. 학업을 계속하겠다던 최초의 계획은 실천하지 못했지만, 아들은 주식관련 자격증을 따고, 경제관련 공모전에 나가고, 창업관련 대회에 참가했다. 책읽기도 게을리 하지 않아 아들 책장 속 책은 꾸준히 늘어갔다.

나의 바람이라면 아들의 관심사와 남편의 전공분야가 많이 일치하였기에, 아빠의 홈스쿨링이 필요하다는 생각이었다. 그러나 남편은 학생들을 가르치는 입장이면서도, "기본도 모르는 놈이 논문을 쓴다"며 아들을 비난하였다. 아들은 아빠와의 갈등을 겪으며 독학으로 논문을 쓰고, 실패를 거듭하며 차츰 성과를 이루어 나갔다.

2006년 8월 24일 주식 시장에 뛰어들어 11년 4개월 동안 -아빠가 독일에 유학 가서 박사 학위를 받기까지 걸린 시간- 의 개인 투자자 생활을 마치고, 2017년 12월 26일 아들은 카투사로 입대를 했다.

그 긴 세월동안 아들은 자신이 하는 일에 대한 스트레스를 단 한 번도 호소하지 않았다. 나는 아들이 자신이 하는 일 때문에 가족에게 짜증을 내는 것을 한 번도 본적이 없었다. 자신을 이해 못하는 많은 사람들의 시선에도 굴하지 않았다. 많은 돈을 관리하면서도 유흥에 빠지거나, 투자금을 빼내서 쓰지 않았다. 무엇보다도 아들은 늘 함께 생활하는 엄마와 여동생에 대한 배려심이 남달랐다. 나와 딸을 따뜻이 보살피는 사람은 남편이 아니라 늘 아들이었다.

집안에 한대뿐인 선풍기를 아빠가 독점하고 있으면, 아들은 엄마를 위한 선풍기를 사서 보냈다. 엄마가 글을 쓰면 USB를 선물 했다. 작은 핸드폰 화면을 보며 스페인어를 공부하면, 아이패드를 선물했다. 아날로그 TV로 세계의 명화를 보면, 디지탈 TV를 사 보냈다. 늘 다리를 주물러 달라는 엄마를 위해, 아들은 군대 가기 전에 자신을 대신할 발마사지기를 선물했다. 물질적인 선물이 아니라 아들은 설거지, 쓰레기 버리기, 수건 개기, 보리차 끓이기 등 귀찮고 자질구레한 집안일도 눈에 띄면 서슴없이 했다.

나는 아들 덕에 17년 만에 해외여행도 했다. 남편은 일 년에 몇 번씩 해외 출장을 나가고, 성인이 된 아이들도 해외여행이며 해외 연수를 나갔다. 엄마가 17년 동안 짧은 해외여행 한번 못하는 것을 안타깝게 생각한 것은 아들이었다.

백내장 수술 후 눈이 너무 부셔, 나는 1988년에 산 선글라스를 썼다. 아들은 너무 오래된 복고풍의 선글라스가 어색해 보였는지, 독일출장에서 소매치기를 당해 선글라스를 잃어버린 남편과 함께 커플 선글라스를 사주겠다고 했다. 망설이는 사이 남편은 말도 없이 혼자 가서, 본인의 선글라스를 사서 쓰고 왔다. 남편과 아들은 이렇게 다른 사람이었다. 그래서 딸은 늘 오빠 같은 남자와 결혼하고 싶다고 했다.

어려서부터 여동생을 잘 챙겼던 아들은 딸에게 제2의 부모였다. 남들은 딸이 있어서 남매가 잘 생활하는 것으로 생각했지만, 내가 전주에 있는 동안 먹을 걸 챙기고 집안일을 보살피는 건 아들이었다. 따라서 딸은 일상 뿐 아니라 심리적으로도 오빠에게 많이 의지했다.

군입대하는 날 아침까지도 아들은 주식을 정리하면서, 아빠의 안식년을 위해 비행기 티켓을 예약하고, 동생의 핸드폰을 바꿔준다며 핸드폰 기종을 살폈다. 온 식구를 보살피며, 커다란 덩치만큼이나 집안을 꽉 채우던 아들이 곁에 없다는 생각에 우리 가족은 너무도 쓸쓸했다. 그래도 논산 육군 훈련소 입영장에 서 있던 아들은, 많은 훈련병속에 섞여 손을 흔들며 밝은 모습으로 우리 앞을 지나갔다. 통제된 집단생활과 육체적으로 힘든 군사훈련 속에서도, 나는 정신력이 강한 아들이 잘 이겨내리라 생각했다.

미군 훈련소 안에서도 아들은 음력인 엄마의 생일을 맞아 편지를 보냈다. 나는 아들의 편지를 읽으며, 아들과 내가 방안에서만 보낸 11년 넘는 긴 시간이 결코 잘못된 교육의 시간이 아니었음을 알았다.

자신의 삶을 꾸려나갈 경제력과 남에 대한 따뜻한 배려심을 20대에 갖추기는 쉽지 않다. 나는 아들이 남편처럼 스스로에 대한 열등감도 남에 대한 우월의식도 갖지 않았으면 좋겠다. 아들의 "하워드"라는 영어 이름 그대로, 개성 있고 창의적이고 미래지향적인 자신의 일과 남에 대한 따뜻한 배려로 세상을 살아가기를 바란다.

18) 아인 랜드(Ayn Rand)의 1943년 소설 The fountainhead를 1949년 게리 쿠퍼 주연의 영화로 만들었다. 시대의 흐름에 편승한 출세를 거부하고 자신만의 신념으로 건물을 짓고자한 건축가 하워드의 이야기이다.

19. 위대한 유산

연애시절 남편은 아이들을 무척 좋아했다. 길을 가다가도 아이들이 모여서 놀면 멈춰 서서 귀엽다며 지켜보았다. 결혼을 하면 아이들을 많이 낳아 축구단을 만들고 싶다고 했다. 딸을 낳으면 머리를 묶어 꽈리(방울)를 매달아 주고 싶다고 했다. 아기를 캥거루마냥 배에 매달고 다니는 아빠들을 보면 부러워하기도 했다. 첫째 형님 댁의 어린 세 조카들도 늘 자랑했다. 특히 큰 조카에게 거는 기대도 컸다. 유학을 떠나면서 남편은 자신의 전 재산이었던 엘피판을 큰조카에게 물려주었다.

반면 결혼 전 나는 아이들이 싫었다. 동생이 셋이나 있었기에, 바글바글한 아이들이 나에게는 축복보다 빈곤의 상징 같기만 했다. 결혼 후 내 자식을 낳아 키우게 되면서, 나는 차츰 이웃 아이들도 눈에 들어오게 된 경우였다. 그래서 나는 남편이 형제 중 막내였고, 어린조카들의 귀여운 모습을 지켜보기만 한 방관자여서 아이들을 사랑스럽게만 보는 건 아닐까하는 생각을 했다. 그러나 아이들을 좋아하는 젊은 남자이니 다정한 성격일 것이며, 결혼 후에도 아이 양육에 관심을 가질 거라는 생각을 했다.

결혼 후 남편은 자신의 어린 시절, 술을 마신 아버지가 집으로 기생을 데리고 오거나, 어린 자신을 옆에 앉혀두고 내기 화투를 치던 모습을 자주 언급했다. 그리고 자식의 교육적인 면을 생각지 못한 처신이라고 개탄스레 말하곤 했다. 따라서 나는 항상 자신 뿐 아니라 후세까지 생각하며 자식들의 교육에도 관심을 갖으리라 기대했다.

결혼 후 나는 남편에게 정말 전적으로 의지하고 도움을 받으며, 두 아이를 낳고 양육했다. 임신확인을 받은 날부터 남편은 매일 저녁 자몽을 손수 갈아 주스를 만들어 주었다. 산전 정기 검진과 임산부 체조도 함께 다녔다. 두 아이의 출산 과정에도 물론 함께 했다. 산후조리 하는 동안에는 미역국을 끓여주었고, 아기의 기저귀 갈기와 목욕을 도맡아 했다. 그 후 남편은 신생아 정기 검진과 예방접종에도 꼭 함께 다녔다. 사실 유학시절이라 남편밖에는 도움의 손길을 찾을 수도 없었다.

첫아들을 출산할 때 나는 열이 있었다. 그 영향으로 아이에게 혹시 이상이 없는지 검사를 하는 동안, 남편은 소아병동에 있는 아들을 찾아가 우유를 먹였다. 그리고 남편은 아들을 볼 때마다 "내가 너를 우유 먹여 키웠다"고 평생 큰소리를 쳤다. 사실 아들은 돌때까지 모유를 먹고 자랐다.

나는 지금도 와인 코르크를 보면 습관적으로 모으는 버릇이 있다. 그 버릇은 남편 때문에 생겼다. 유학중인 남편은 자신의 공부만으로 벅찼는지 자식들의 교육적인 면은 신경 쓰지 않았다. 아이들이 어릴 때 동화책을 읽어주거나 장난감을 갖고 같이 놀아주는 경우가 없었다. 아이들과 함께 놀아주는 방법을 모르는 남편에게 만들기 책을 보여주었다. 그 책안에 와인 코르크를 이용해서 기차를 만드는 법이 나와 있었다. 어린 아들은 기차를 무척 좋아했다. 아들과 함께 기차를 만들기 시작한 남편은 코르크가 모자라 그 날 기차를 완성하지 못했다. 그 후 아들은 독일을 떠나왔고, 기차는 영원히 완성되지 못했다.

아들이 다섯 살 때 독일을 떠나 초등학교 4학년이 되던 해, 남편이 유학을 마치고 귀국했다. 그 사이 5년 정도 나는 한국에서 두 아이의 교육을 책임져야했다. 쇠락해가던 주택가 친정동네에는 변변한 유치원이 없어서, 나는 두 아이를 미술학원 유치부에 보내기 시작했다. 내가 보습학원 강사로 일하러 나가는 동안 두 아이를 보살폈던 친정엄마는 초등교육조차 받지 못한 분이었다. 친정엄마가 아이를 돌봐주는 것이 안심은 되었지만, 교육 문제는 나도 난감했다. 직업특성상 나는 아이들이 유치원에서 오면 출근을 해야 하고, 아이들이 잠든 늦은 시간에 퇴근을 해야 하는 상황이었다. 간식을 준비하고 숙제를 내주고 출근을 하고, 퇴근 후에는 잠든 아이의 숙제와 가방 속 알림장을 확인했다.

아이를 키우면서 나의 어린 시절을 돌이켜 보았을 때, 나는 가족과의 추억이 별로 없다는 것을 알았다. 네 형제자매가 컸지만 즐겁게 놀았던 기억도, 맛있는 것을 먹으며 좋아했던 기억도 별로 없었다. 특히 부모님과의 추억은 더욱 없었다. 부모님과 무엇을 하며 자랐는지, 무슨 이야기를 하며 자랐는지, 좋은 기억도 나쁜 기억도 없는 맹숭맹숭한 느낌뿐이었다. 자식들을 밥 먹여 학교에 보내는 것만으로도 벅찬 시절이었기에, 물론 우리 형제자매는 아무 불평 없이 지냈다. 그러나 어른이 된 후 되돌아보니, 부모 형제와의 추억이 없다는 것이 나는 안타깝고 슬펐다.

나는 아이들과 함께 주말이나 여름휴가 때는 무엇이든 하고, 어디든 가기로 했다. 어린 시절 가족이 함께 했던 추억이야말로 살아가는데 힘이 된다는 생각 때문이었다. 남편이 곁에 없으니 남들처럼 남편이 운전하는 자가용을 타고 온 가족이 갈 수는 없었다. 나는 버스를 타고 두 아이의 손을 잡고 서점구경, 곤충 전시회, 공룡전시회, 미술관, 극장, 영화관을 갔다. 봄이면 김밥을 싸서 제과회사나 금융 기관에서 주최하는 각종 어린이 미술대회에 참가했다.

3박 4일 여름휴가 때면 충청도나 전라도로 여행을 떠났다. 어린 두 아이들은 불평 한 마디 없이 시골길도 잘 걸어 다녔고, 여인숙에서도 잠을 잘 잤다. 시골 여인숙 주인이 맛보라며 가져다주던 삶은 옥수수, 시골길이 멀다고 경운기를 태워다 주던 아저씨, 솟대 하나 보려고 여기까지 걸어왔냐던 연구원, 반대편에서 버스 탄 우리를 태우고 차고지를 돌아 나오던 버스 기사……우리는 낯선 고장에서 의외의 사람들도 만났다.

남편이 귀국한 후에도 여전히 자가용은 없었지만, 가족 모두가 여행을 하게 되었다. 여행 할 때는 힘들었지만, 시간이 지날수록 우리는 그때의 여행을 추억하는 대화를 하게 되었다.

넓은 세상을 보게 한다는 의미에서 남편은 해외여행도 적극 권장했다. 그러나 가족모두 해외여행을 한다는 것은 여행 경비뿐 아니라 가족 각자의 일정상 쉬운 일이 아니었다. 특별하게도 우리 가족은 아빠와 아들, 아빠와 딸, 엄마와 아들, 이모와 조카(딸), 삼촌과 조카(아들) 그리고 아들과 딸 남매가 해외여행을 할 기회가 있었다. 그런 둘만의 여행은 두 사람간의 이해를 더 깊게 만드는 한편, 함께하지 못한 가족에게 그리움을 표현하는 기회도 되었다.

자식들과 함께 여행하는 것은 학교 성적과도 상관이 없고, 비용이나 노력이 많이 드는 게 사실이다. 우리 부부는 일찍부터 재산을 형성하지도 못했고 가족이 서로 떨어져 산 세월이 길었다. 그래서 가족이 함께 여행하며 같은 방에서 자는 경험을 자식에게 물려줄 유산으로 생각했다. 우리 가족은 아이들이 성인이 되어서도, 부모와 함께 다니거나, 손을 잡거나, 가끔 가족이 한 방에 모여서 자는 일을 자연스럽게 여기게 되었다.

우리 부부는 아이들 앞에서 출퇴근 때 입맞춤을 하거나 손을 잡고 다니거나 자주 포옹하는 모습을 보여 주었다. 어려서부터 부모의 다정한 모습을 보고 자란 자식들이 안정감을 느낄거란 생각 때문이었다. 지금도 아이들은 스킨십을 자연스럽고 편안하게 받아들인다.

남편과 나는 아이들을 어른과 아이로 구분지어 엄하게 키우기보다 무엇이든 솔직히 이야기하고 격의 없이 대하는 편이었다. 그 부작용에 대해서도 염두에 두었지만, 좋은 일이든 나쁜 일이든 알아야 서로 이해할 수 있다는 생각이었다.

이러한 우리 부부의 양육방식은 아이들을 자유롭고 자신감 있게 자라게 했고, 부모에 대한 신뢰를 심어 주었다. 그러나 한국에 사는 이상 나 역시 아이들을 학원에 보내며 대학입시의 광풍을 치러야 했다.

나는 학창시절 친정아버지가 새 학기가 되면 달력 종이로 책표지를 싸고 겉에 과목 이름을 써주었다. 중학교 때는 아버지가 자전거를 타고 서점에 나가 참고서도 사다주었다. 어린 시절 서당에 다니셨던 아버지는 내 교과서에 있는 어려운 한자 밑에는 토를 달아 주기도 했다.

친정엄마는 글도 제대로 못 읽는 분이었지만, 수놓기나 옷 만들기, 뜨개질 등 가정이나 가사 숙제를 도와주었다. 시골에 오래 살았던 할머니는 식물채집이나 곤충채집 그리고 식물 키우기 등을 알려주셨다.

남편은 자라면서 그런 것조차 부모에게 도움을 받은 기억이 없는 듯 했다. 유학을 마치고 대학생들을 가르치는 입장이 되어도, 남편은 자식들의 학업에 별 관심이 없었다. 자식들과 많은 시간을 보내는 엄마가 교육을 책임져야한다고 생각했다. 우리 때와는 전혀 다른 입시제도와 학원위주의 선행학습이 치열한 시대에도 남편은 예전 우리의 학창시절만을 들먹였다.

남편이 아이들에게 잘하는 일은 귀가할 때 늘 간식거리를 사들고 오는 것이었다. 남편의 어린 시절 시아버지의 모습이었다. 그러나 융통성 없는 남편은 몇 달간 아이스크림만 사왔다. 아이들이 싫증을 내면 그 후 몇 달간은 빵만 사왔다.

부부로서 하는 일상 행동이 자식들에게 큰 교육이라는 걸 우리부부는 잘 알고 있었다. 그리고 학교교육보다 가정교육이 개인의 인성이나 남녀관계, 결혼 후 부부관계 형성에 큰 영향을 준다는 생각이었다. 무엇보다 우리는 아들과 딸이 있었기에, 평등한 부부상을 통해 평등한 남녀에 대한 생각을 심어주고 싶었다. 그러나 힘든 현실을 살다보니 우리부부 역시 생각만큼 좋은 부부상을 보여주지 못했다.

남편이 귀국하고 직장 일을 시작했을 때, 나는 문화센터에서 강사로 있었다. 나는 출강하는 곳에 따라 일주일에 이틀에서 나흘정도 일을 했고, 늦게 출근하고 늦게 퇴근했다. 그래서 출근하는 날에는 초등학교에 다니던 아이들을 학교에 보내고, 간식과 저녁밥을 챙겨놓은 후 메모를 해두고 출근을 했다. 물론 저녁에 정시 퇴근하는 남편이 귀가해서 아이들의 저녁을 챙겨주기로 했다. 남편은 아이들과 저녁을 챙겨먹고 설거지를 했다. 몇 달 후 남편은 그 일이 귀찮았는지, 퇴근길에 햄버거를 사와 아이들과 먹었다. 그리고 내가 퇴근을 하면, “나 저녁밥 안 먹었는데”라고 말했다. 늦게 퇴근한 나는 피곤하고 귀찮아서 “준비해뒀는데 왜 안 먹었어?”하고 차려주지 않았다.

어느 날 동네 중국집 주인아저씨가 우리 집 아이들을 알아보았다. 나는 남편이 그 간 잠잠했던 이유를 알게 되었다. 매번 남편은 중국집 음식을 배달시켜먹었던 것이다.

마지막으로 남편이 선택한 방법은 내가 퇴근 할 때까지 회사에 남아있는 것이었다. 우리는 사이좋은 부부처럼 지하철 중간지점에서 만나서 함께 집으로 퇴근해 왔다. 나는 집에 도착하자마자, 초등학교 6학년이던 아들이 동생과 함께 저녁밥을 챙겨먹은 흔적을 치웠다. 그 동안 샤워를 마치고 나온 남편은 내게 이렇게 말했다. "차 한 잔 합시다." 그래서 내 이메일 닉네임은 '차한잔'이 되었다. "내가 차 끓이는 동안 당신도 씻어요." 이런 말은 남편 입에서 그 후로도 나오지 않았다. "퍼플 잡(purple job, 일과 가정 양립을 위한 유연근무제도)"을 연구했던 남편에게도 집안일은 아내 일이었다.

내가 비정규직 일을 하는 동안, 남편은 자리를 잡아가며 더욱 바빠졌다. 따라서 남편은 가사노동과 더욱 멀어졌다. 2010년 8월 비정규직 일마저 그만둔 나는 남편의 표현대로 "할 일없는 여편네"가 되었다. 퇴근 후 남편은 집에 있는 나를 보며 늘 "팔자 좋아"라고 인사를 했다.

어릴 때부터 아들과 딸은 엄마의 직업에 대해 상반된 생각을 하고 있었다. 아들은 경제적 어려움 때문에 친정엄마에게 아이들을 맡기고 일을 시작한 나를 어려서 부터 원망했다. 그래서 엄마로서 하는 일이 얼마나 많고 중요한데, 굳이 직업까지 가져야하냐는 생각이었다. 딸은 그런 생각을 하기에는 당시에 너무 어렸고, 그 후에도 엄마가 하는 일은 뭐든 좋게만 보았다. 나는 아들과 딸에게 생계이상의 직업의 의미를 알게 해주고 싶었다. 그리고 가사노동과 부부가 서로 돕는 모습도 보여주고 싶었다. 그러나 남편과 나는 일의 질과 보수에서 차이가 나면서, 점차 전통적인 부부역할 모습을 보여주게 되었다. 그리고 우위의 경제력을 가진 남편이 가사노동을 무시하는 상황도 연출하게 되었다.

이제 자식들은 성인이 되었다. 나는 가끔 부모로서 우리부부를 되돌아본다. 우리 부부 역시 자식들 앞에서 많은 갈등을 보였다. 그로 인해 어린 자식들이 받은 상처 또한 깊을 것이다. 부족한 경제력이나 잘못된 판단으로 아이들의 잠재력을 사장시킨 것은 아닌지 하는 두려움도 있다. 좀 더 마음의 여유를 가졌다면 야단대신 칭찬으로 키울 수 있었을 텐데 하는 미숙함도 반성한다. 그때 아이를 좀 더 가르쳤으면 더 잘 될 수도 있었을 텐데 하는 아쉬움도 있다.

"까마귀 떼가 달려들어 서로 파먹으려고 하는 것 같다." 여러 자식을 키우는 고단함을 50대 후반의 시아버지가 그렇게 표현했다는 말을 남편이 했다.

살짝 치매 증세를 보이기 시작했던 85세의 친정아버지도, "네 엄마가 참 지독히도 아꼈지"라며 네 남매를 키우던 시절의 경제적 어려움과 "그래도 그때가 재미있었지"라며 자식 키우던 보람을 이야기 했다.

자식을 키운다는 것은 아마도 내가 가르치고 내가 무언가를 물려주는 것이 아니라, 내가 더 책임감 있고 성숙한 어른이 되는 수행과정인 듯싶다.

19) 1860년에 발표한 찰스 디킨스의 소설. 빅토리아 시대 신사계급의 허영과 속물근성을 비판하며 진실된 인간성의 의미를 찾는다.

20. 프라이드 그린 토마토

국민 학교 고학년이 되었을 때부터 나는 학교에서 받은 가정환경조사서를 아버지 대신 직접 쓰기 시작했다. 그럴 때마다 나는 가족 란에 엄마이름을 어떻게 써야할지 헷갈렸다. 그러나 엄마는 확실히 가르쳐주지 않았다. 나는 어느 땐 '연'으로 어느 땐 '년'으로 써갔다. 내가 한자를 알게 되어서야 엄마이름이 '해 년(年)'자인 것을 알게 되었다.

어릴 때 집안에는 은행에서 볼 수 있는 '입출금 거래서'가 아버지 도장이 찍힌 채 잔뜩 있었다. 아버지가 찾아야할 금액을 아라비아 숫자와 한자로 써놓고 출근을 하면, 엄마는 그것을 들고 은행에 갔다.

중학교 3학년 어버이날, 나는 친구와 함께 문구점에서 어버이날 선물을 난생처음 샀다. 어린 시절 우리 가족은 특별한 날이라고 가족끼리 선물을 주고받은 적이 없었다. 그래서 선물을 준다는 것이 어색하긴 했지만, 마침 가지고 있던 용돈이 있어 선물을 고르게 되었다. 아버지에게 드릴 갈색 인조 스웨이드 반지갑과 엄마에게 드릴 여성잡지 한권을 샀다. 뿌듯한 마음에 선물을 사왔지만, 두 분 다 무표정하게 아무 말이 없었다. 그 후 나는 엄마가 그 잡지를 읽는 모습을 한 번도 볼 수 없었다. 물론 아버지의 반지갑도 포장만 풀어진 채 그냥 언제까지나 방바닥에 굴러 다녔다.

중학교에 다닐 때까지도 나는 엄마가 중학교를 졸업한 줄 알았다. 가정환경조사서의 부모 학력 란에 아버지가 늘 그렇게 써줬기 때문이었다. 그러나 커가면서 엄마가 글을 잘 읽지도 잘 쓰지도 못한다는 것을 어렴풋이 느끼기 시작했다. 엄마가 학교에 오지 않는 이유는 돌봐야할 동생이 많아서도, 선생님께 드려야할 촌지가 없어서도 아니라, 학교라는 환경과 선생님이라는 대상에 왠지 주눅 들어서 그런 것이 아닌가하는 생각이 들었다.

학교를 다니지 말라는 외할아버지의 말대로 엄마는 국민 학교 4학년을 다니다 말았다. 그 후 엄마는 10대부터 집안일만 배웠다. 그래서인지 엄마는 나와 여동생이 자랄 때 집안일을 시키지 않았다. 자신이 배우지 못한 대신 딸들이 공부 잘하는 것을 자랑스러워했다. 대학 입학 원서 접수를 앞두고, 진학을 반대하는 아버지 때문에 나는 2박 3일을 울었다. 그때 무력했던 엄마가 아버지한테 아무 말도 못하면서 안타까워하던 기억이 난다.

엄마는 학교 대신 규수 수업이라도 받은 듯, 전통적으로 가정에서 여자로서 해야 할 것을 야무지게 하신 살림꾼이셨다. 십자수, 뜨개질, 재봉, 요리, 청소, 정리정돈 그 무엇 하나 못 하는 게 없었다. 번듯한 가구하나 없는 세간살이였지만 언제나 단칸방 이든 두 칸 방이든 우리가 사는 전셋집은 늘 깔끔했다.

방 한 쪽 벽에는 십자수가 놓여 진 흰색 가리개 천이 쳐 있었다. 가리개 천을 들추면 그 뒤에는 이불이며 옷 등 보잘 것 없던 우리 집 살림이 차곡히 쌓여있었다. 뜨개질 솜씨도 좋았던 엄마는 우리가 성인이 될 때까지 스웨터를 떠서 입혔다. 여름에는 면레이스 실로 구멍이 숭숭 뚫린 속옷도 떴다. 1970년대 동네아줌마들은 수출품 스웨터 뜨는 부업을 했다. 조장 아줌마가 스웨터 샘플을 뜨면 그것을 보고 동네 아줌마들이 똑같이 떠서 조장아줌마에게 넘겼다. 몇 벌을 떠왔는지 세서 나중에 돈이 나왔다. 엄마는 틈틈이 부업으로 스웨터를 뜨고, 남은 자투리 실로 알록달록한 우리들 옷이며 장갑, 귀마개 등을 떴다.

내가 결혼을 하고 독일에 있을 때도 엄마는 사위 스웨터며 손주들의 옷을 떠서 보냈다.

시집올 때 재봉틀을 혼수로 안 해왔다고 할머니한테 구박받았다던 엄마는 집을 사고 어느 핸가 재봉틀을 장만했다. 내 블라우스도 만들어 주고, 크거나 작아진 옷도 수선했다. 그 후 발재봉틀은 자리를 많이 차지한다는 이유로, 몇 년 후 가방 안에 쏙 들어가는 손재봉틀이 되었다.

엄마의 뜨개질 실력과 재봉 실력은 나이가 들면서 어두침침해지는 시력 탓에 차츰 묻혀가고 말았다. 짙은 실 색상을 구별하기 힘들다는 이유였다.

엄마는 요리를 잘했다. 가난했던 어린 시절, 쌀과 배추를 사고 엄마는 밀가루 한 포대를 더 샀다. 하루가 다르게 크는 네 명의 자식들을 위해, 그 밀가루는 부침개, 호떡, 찐빵, 꽈배기, 술빵 등으로 변신했다. 그것은 세끼 밥에도 배고파하던 우리 네 남매의 간식이 되었다. 솜씨 좋은 엄마 덕에 우리 가족은 집에서 엄마가 직접 한 냉면, 짬뽕, 짜장면을 먹었다. 엄마가 처음 한 서양음식은 카레라이스였다. 매콤하고 걸쭉했던 그 소스는 입 짧았던 나의 입맛을 돋우는 특식이었다.

그러나 요리 잘하던 엄마도 못하는 음식이 있었으니 그것은 샌드위치였다. 엄마는 늘 식빵 안에 딸기잼만 발랐다. 끝물의 자잘한 딸기로 집에서 만든 딸기잼은 달지 않고 시큼했다. 달걀을 넣거나 땅콩 잼을 발라온 친구의 샌드위치가 나는 더 맛있어 보였다. 그 후 엄마는 채썬 각종야채를 마요네즈 소스에 버무려 식빵사이에 끼워 넣었다. 금방 먹기는 좋았으나 도시락으로 싸간 샌드위치는 야채에서 나온 수분으로 축축해져 흐물흐물했다. 겨자소스에 햄과 치즈, 상치를 끼워 샌드위치를 싸온 옆 친구와 비교되어 나는 먹기 싫었다.

전전하던 전세살이를 끝내고 1973년 봄 내가 국민 학교 4학년 때 집을 장만했다. 방 세 개에 마루 그리고 마당이 있는 단층 양옥집이었다. 할머니까지 일곱 식구였지만 내가 고등학생이 될 때까지 방 한 칸은 월세를 놓았다. 마당은 늘 강아지들이 차지했고, 옥상은 닭이나 토끼가 차지했다. 마당 한쪽 작은 화단에는 각종 꽃이나 오이, 호박, 감나무, 대추나무, 수세미가 열렸고, 화분에는 고추, 방울토마토, 국화, 선인장이 자랐다.

단열이 안돼 겨울에 엄청 춥던 그 집을 20년이 지난 후 전면 수리를 할 때까지 안방부엌 위에는 다락이 있었다. 다락에는 당장 쓰지 않는 짐들이 꽁꽁 싸매 쌓여있었다. 그곳은 엄마의 비축창고이자 비밀창고였다. 중학교 1학년 여름방학 때, 늦잠 자던 나를 깨워 다락으로 불러올린 엄마에게서 나는 처음으로 생리대를 건네받았다. 그 후로 엄마는 그릇이며 냄비, 유리 컵 등을 기회가 될 때마다 장만하여 다락위에 쟁여 두며, 내가 시집갈 날을 기다렸다.

내가 좋아한 한 작가의 어머니는 구차한 삶을 유머로 살아냈다는데, 나의 친정엄마는 그럴 재간도 마음의 여유도 없었다. 원망과 증오를 그냥 있는 그대로 힐난조의 말투와 얼굴표정으로 드러내며 살았다. 없는 살림에 시어머니의 구박 그리고 남편의 무정함속에서 친정엄마는 네 자식을 먹이고 입히느라 평생 노예처럼 일했다. 그런 모진 삶속에서도 원래 성정은 모질지 못했는지 작은 걱정에도 늘 머리를 싸매고 고민했다. 내가 기억하는 한 친정엄마는 평생 두통약을 달고 살았다.

엄마는 좋아도 좋다고, 고마워도 고맙다는 말도 할 줄 몰랐다. 어려운 환경 속에서도 불평 한 마디 없이 자란 네 자식들이 그나마 친정엄마의 자랑이었다. 그러나 딸 덕에 비행기를 타고 여행해서 좋겠다고 이웃이 인사를 하면, 아들이 용돈을 줘서 비행기를 탄 거라고 대꾸했다. 아이들이 공부를 잘해서 좋겠다고 하면, "지(자기)가 좋지, 내가 좋아요?" 했다.

평생 무언가를 즐기거나 누려본 경험이 없는 친정엄마는 할머니가 돌아가신 후에야 동네 아줌마들의 계모임에 합류했다. 계모임에서 단체관광이라도 가는 날이면 엄마는 새 옷을 장만했다. 그러나 가족들과 외식을 나가서도 종업원들 대신 나서서 빈 그릇을 치웠다. 자식들이 모는 자가용을 타도 등 한번 기대고 거만하게 앉지 못했다. 그런 모습들을 보는 우리 네 남매들은 너무 안타까웠다.

일 년 여덟 번의 제사와 두 차례의 명절 차례, 거기에 한식날 선산의 벌초까지, 살아있는 가족만큼이나 돌아가신 조상들도 일 년 내내 엄마를 힘들게 했다. 맏며느리이자 외며느리로서 허례에 가까운 그 일을 평생 불평해 왔으면서도, 80을 넘긴 나이에도 여전히 포기하지 못하고 있다.

스물여섯에 결혼을 하고 친정을 떠난 나는 엄마와 깊은 대화를 나눠본 적이 없었다. 어린 시절부터 자식들의 이야기를 듣고 조언이나 실질적 도움을 주지 못하다보니, 엄마는 늘 자식들이 알아서 다 해주기를 바랐다. 우리는 자연스레 무엇이든 우리가 할 수 있는 것과 할 수 없는 것을 스스로 결정했고 결과만 통보했다. 그러다보니 커서도 결정된 일이 아니면 말하지 않게 되었다. 나이가 들자 엄마는 자식들의 이런 태도가 서운한 듯 보였다. 그러나 긴 세월동안 몸에 베인 우리 네 남매의 습관 역시 쉽게 변하지 않았다.

친정엄마가 맏딸인 나에게 어린 시절부터 늘 한 얘기는 시어머니(할머니)에 대한 푸념이었다. 그리고 결론은 "맏아들에게 시집가지마라"로 끝났다. 그래도 말년의 할머니가 중풍으로 쓰러지자, 엄마는 몸이 반쪽이 되게 살이

빠지도록 온갖 시중을 들었다. 엄마는 의무는 잘 알았지만, 권리는 몰랐다. "며느리한테는 원래 그렇게 대해야 하는 줄 알았다"는 어이없는 고해성사를 끝으로, 할머니는 35년간의 시집살이를 풀어주고 추운 겨울 저승으로 갔다. 할머니가 돌아가신 후 엄마의 레파토리는 그 맏아들인 남편(친정아버지)에 대한 푸념으로 바뀌었다.

성격이 소심하고 부당한 대우에 맞설만한 논리도 갖추지 못한 엄마는, 시어머니의 심리적 학대와 전혀 방패가 되어주지 못하는 남편의 무능 속에서, 평생 신경성 두통을 달고 살았다. 그러나 친정아버지가 치매의 고개를 넘고 있고, 할머니가 돌아가신지 20년도 넘었건만, 친정엄마의 한은 여전히 풀리지 않는 듯 했다.

시어머니나 맏아들에 대한 개념조차 없던 어린 시절부터 들어온 엄마의 푸념은, 나도 이 나이가 되니 더 이상 듣기 싫다. 그러나 딸, 아내, 며느리, 어머니 그리고 한 인간으로서 친정엄마의 삶은 잔혹하다고 밖에 표현할 수 없어 가슴이 아프다. 자식들도 다 키웠고, 시어머니의 그늘도, 찢어지는 가난도 벗어난 지 오래지만, 그 가슴에 맺힌 한은 누구도 풀어 줄 수 없기에 나는 더 가슴이 아프다.

20) 케시 베이츠 주연의 1992년 영화. 자신을 무시하는 남편과 아픈 숙모를 간호하며 무력하게 사는 에블린이 여성간의 연대와 우정으로 거듭나는 이야기다. 영화 제목과 내용이 토마토를 좋아하는 친정엄마의 삶을 떠올리게 했다.

21. 아무르

가난했지만 자식욕심이 많았던 친정아버지는 2남 2녀를 두고도, 아들 3형제 타령을 하던 분이셨다. 그런 분이 내가 낳은 외손주 둘 이외에 나이 80이 되도록 친손주를 보지 못했다. 원래 말수도 적고 사회성마저 없던 아버지는 나이가 들면서 노인성 우울증까지 보였다. 노부모와 함께 늙어가는 아들들(남동생)은 더욱 말이 없었고, 우리 식구마저 친정근처에서 멀리 이사를 오게 되자, 조용했던 친정집은 더욱 암울해 졌다.

명절이나 생신모임에도 우리 부부와 아이들이 참석하지 않으면 아버지는 외식도 거부했다. 그렇다고 해서 아버지가 우리 가족을 살갑게 대한 것도 아니었다. 아버지는 우리 가족에게 단 한 번도 안부 전화를 하신 적이 없었다. 외손주인 우리 아이들에게도 보고 싶다고 전화하는 적이 없었다. 사위에게는 더 말 할 필요조차 없었다. 해외 출장을 다녀오는 남편은 빠짐없이 장인에게 선물로 술을 사왔다. 그러나 아버지는 단 한 번도 그 술을 받고, “출장은 잘 다녀왔냐, 고맙다, 뭐 하러 매번 사오냐, 언제 와서 같이 마시자”라는 등의 인사치레조차 할 줄 몰랐다. 일 년에 서너 번 사위 얼굴을 봐도 “왔냐?”가 대화의 전부였다.

친정아버지가 버티는 바람에 우리는 여러 가족이 모여서 가려던 단체 해외여행을 취소한 적도 있었다. 함께 사는 친정식구들은 너무 괴로웠고, 장인을 이해하려고 애쓰던 남편도 서운함을 표현하기 시작했다.

그러던 2011년 작은 남동생이 결혼을 하게 되었다. 내가 결혼을 한지 23년만의 일이었다. "새 양복을 안 맞춰 입겠다, 결혼식에 가지 않겠다"는 등 결혼식 당일까지도 친정아버지는 엄마랑 실랑이를 벌였다. 결국 아버지는 결혼식에는 참석했으나, 분가한 아들의 집들이에는 가지 않았다.

남편(사위)이외에 새 사람이라고는 20년 넘게 없던 친정에, 며느리가 들어오면서 약간의 변화가 생기기 시작했다. 변화는 친정엄마에게서부터 왔다.

내가 결혼한 지 30년이 되도록 친정 부모는 사돈댁 한번 가보지 않았고, 명절에 선물 한번 보낼 줄 몰랐다. 그런데 2012년 가을, 집 감나무에 튼실한 감이 잔뜩 열렸다고 나의 시댁과 올케의 친정에 감을 보낸 것이다. 그래도 여전히 올케의 결혼 후 첫 생일이 다가 오자, 엄마는 어찌할 바를 몰라 한달 내내 갈팡질팡 거렸다.

그 후 2013년 2월 조카가 태어났다. 친정아버지는 '친손자'임을 강조하며 돌림자를 넣어 이름을 짓도록 했다. 매일 며느리에게 전화를 걸어 손자가 잘 크는지 물었다. 손자가 보고 싶다는 말에 올케는 채 두 달도 안 된 아이를 차에 태우고 왔다. 우리 아이들은 조카가 집안에 기적을 일으켰다고 했다. 그러나 손자가 아니라 손녀였다면 아버지의 태도는 달랐을 것이다.

친정아버지는 노름꾼의 아들이었다. 인근에 살던 숙부의 도움으로 띄엄띄엄 고등학교까지 마쳤으나, 시골에서 소작 농사를 짓고 산비탈을 일궜다. 장사를 하러 나다니던 어머니와 어린 여동생을 거느린 실질적인 가장이었다. 중매장이의 말만 믿고 속아서 시집온 친정엄마는 배가 고팠다. 남편을 들쑤셔 첫딸인 나를 시댁에 맡겨두고, 남동생을 업고 인천으로 직장을 찾아 이사를 했다.

사회성은 없었지만 아버지는 성실했다. 남에게 아쉬운 소리 한 번 못해도, 집에 한 푼이라도 있는걸 알면 남에게 빌려주는 사람이었다. 할아버지가 돌아가신 후, 할머니를 모시면서 우리 식구는 일곱으로 불어났다. 아버지는 겨우겨우 직장생활을 이어갔고, 우리 가족은 방 한 칸 또는 두 칸을 전전하며 살았다.

아버지는 장인어른이 없었다. 엄마가 어려서 아버지를 여의었기 때문이었다. 친정엄마는 외할아버지가 머슴과 한상에서 밥을 먹었으며, 농사 할 때 내오는 새참도 꼭 일꾼 먼저 퍼주는 사람이라는 말을 했다. 만약 외할아버지가 살아계셨다면, 친정아버지는 아마 할아버지에게서 배우지 못한 아버지의 역할을 좀 배울 수 있지 않았을까하는 생각을 해보았다.

직원이라고는 몇 명 안 되는 회사에서 번갈아 교대근무를 하던 아버지는 승진이라는 게 없는 직장이었다. 따라서 가정에서나 사회에서나 아버지는 남자로서의 의무감이외에는 어떤 역할도 제대로 배울 수 없었다.

우리 네 남매가 학교에 다닐 때, 학기 초에 아버지는 늘 달력종이로 책을 싸서 그 위에 책 제목을 써 주었다. 그리고 자전거를 타고 나가 참고서를 사다 주기도 했다. 아버지는 명필이었다. 그리고 한자도 많이 알았다. 아들을 많이 낳길 원했지만, 그렇다고 아버지는 나나 여동생을 차별하지도 않았다.

우리는 자라면서 가난한 살림 탓에 부모의 도움을 바라지 않았다. 각자 열심히 할 일을 했다. 무슨 일을 하든지 그 과정에서 부모의 도움을 바랄 수 없다는 걸 알았기에, 우리는 늘 결과만을 보고했다. 도움을 주지 못했던 부모님도 시시콜콜 과정을 참견하지 않았다. 그렇게 지내다보니 아버지를 따라 우리 가족 모두 말수도 적어지고 자연히 소통도 뜸하게 되었다.

살아있는 사람과의 소통에는 무관심하면서도 아버지는 제사에는 강한 집착을 보였다. '4대 봉사(四代奉祀)'를 고수하는 바람에 일 년에 열 번, 그러다

보니 어느 때는 하루걸러 한 번씩 제사가 돌아왔다. 동서도 며느리도 없는 친정 엄마는 혼자서 그 많은 제사상을 차려야 했다. 아버지는 남자 형제도 없었고 4촌 형제마저 왕래가 끊겼다. 그래도 아버지는 제사를 장손의 의무로 알고 포기하지 않았다. 아버지에게 이 세상은 사람과 어울려 살아야하는 곳이 아니라, 제사를 받들다가 제사를 받들 아들을 남겨두고 가는 곳처럼 보였다.

아버지는 평생 바람을 피우지도 않았고, 술을 많이 마시지도 않았으며, 폭력을 휘두르지도 않았다. 경제적으로 뛰어나지는 않았지만 70대 중반까지도 일을 놓지 않았다. 젊어서는 봄, 가을이면 손수 집 안팎을 단장하셨다. 다만 부족한 사회성 때문에 가장으로서의 리더십을 상실하고, 혼자 고립을 자초하며, 가족 모두가 소통하기 힘든 사람이 되어버렸다.

우리가 전주로 이사 온지 5년 만에 아버지가 전주에 다녀가셨다. 날도 더운데 두꺼운 모자에 양복, 구두까지 챙겨 입고 오셨다. 외손자의 손을 잡고 걸음을 옮기셨다. 둔해진 걸음 걸이만큼이나 기억력이나 집중력 또한 많이 떨어져 보였다. 가슴이 저렸다.

2017년 봄, 아버지는 85세의 나이에 치매진단을 받았다. 조금씩 방향감각을 상실하고, 시간감각을 상실해 갔다. 감정조절도 어려워지고, 배설조절도 어려워졌다. 신체기능은 둔해지고, 인지 기능도 떨어졌다. 활동을 거부했고, 종일 눕거나 앉아서도 졸았다. 채식을 즐기던 식성은 치매 약 탓인지 차츰 육식으로 바뀌었다.

노년에 병으로 고통 받는 모습을 지켜보는 것만큼이나, 서서히 인간의 능력이 소멸되어가는 모습을 바라보는 마음은 참으로 서글펐다.

결혼 후 친정집을 떠나고 나서 나는 아버지와 이야기를 나눠 본적이 별로 없었다. 따라서 내가 기억하고 있는 아버지는 젊고, 성실했으며, 자식들을 자랑스러워했던 모습뿐이었다.

21) 미카엘 하네케 감독의 2012년 영화. 반신불수에 치매를 앓는 늙은 부인을 남편은 최선을 다해 돌본다. 그러나 인간의 존엄성을 상실해 가는 자신의 모습에 부인은 자존심 상해하고, 그런 부인을 돌보는 늙은 남편은 점차 지쳐만 간다.

22. 서쪽의 마녀가 죽었다.

작년 여름(2012년)도 무지 더웠는데, 올 여름(2013년)도 덥다. 온다는 장마 비는 내리지 않는다. 5층 맨 꼭대기 우리 집은 낮 동안 잘 달궈진 기왓장 덕에 밤에는 열대야가 한층 더 하다.

눅눅한 요위를 피해 나는 맨방바닥에 누워 잤다. 그러다가 참다못해 삼베깔개를 샀다. 까슬까슬한 촉감이 시원하다. 삼베깔개위에 누우니 돌아가신 할머니 생각이 난다.

할머니는 여름이면 빳빳하게 풀 먹인 흰 모시 저고리나 누런 삼베 등거리를 입었다. 어린 나는 딱딱해서 살을 쿡쿡 찌를 것 만 같은 옷을 시원하다고 입는 할머니가 의아했다.

한여름이면 할머니는 삼베 등거리를 걸치고도, 선풍기 앞에서 앞섶을 풀어헤치고 앉아서 물레질을 했다. 전기를 꽂아 손으로 돌리는 쇠로 만든 작은 물레였다. 할머니는 명주 솜뭉치를 가늘게 풀어내어 실을 자았다. 실이 감긴 원추형 실패가 여러 개 쌓이면, 수거해가는 할아버지가 가끔 오셨다. 할아버지는 실패를 가져가고 대신 솜뭉치를 두고 가셨다.

명주실 잣는 일은 할머니의 부업이었다. 자라나는 우리에게도 용돈을 주지 못했던 부모님은 아마 모시고 살던 할머니에게도 용돈을 드리지 못했을 것이다. 그 일은 할머니의 유일한 수입원이었다. 할머니가 중풍으로 쓰러져 반쪽을 못 쓰게 되기 전까지 할머니는 실 잣는 일을 하셨다.

아주 어린 시절 할머니 손을 잡고 시골 자갈길을 걸어 고향 공주에 가던 기억이 떠오른다. 그 후 할아버지가 돌아가시고, 할머니는 우리와 함께 인천에서 살기 시작했다. 할머니를 모시고 살았던 우리는 모든 게 제일 어른이었던 할머니 위주였다. 어버이날 우리가 만든 카네이션도 전부 할머니 가슴에 달아 드렸고, 손님을 초대하는 날도 풍요로운 밥상도 할머니 생일 때 뿐이었다.

내가 결혼을 해서 친정집을 완전히 떠나기 전까지, 나는 늘 할머니와 함께 방을 썼다. 국민 학교 시절 여름방학마다 식물채집숙제를 하느라 집주변에서 뽑아온 온갖 꽃이며 식물들 이름을 할머니가 가르쳐 주었다. 밤이면 할머니의 옛날이야기를 들었고, 더운 여름밤에는 할머니가 부쳐주던 부채바람에 잠이 들었다.

단열처리가 잘 안된 옛날 친정집은 겨울에 무척 추웠다. 구들장이 있는 아랫목을 제외하면 안팎을 구분할 수 없게 집이 추웠다. 게다가 신식 양옥집답게 창문이며 대청 마루문은 엄청 컸다. 할머니와 함께 쓰던 작은 방은 창문크기가 방바닥 크기만 했다. 겨울이면 할머니는 창문에 비닐을 덮고 그 앞에 병풍을 쳤다. 그래도 밤이면 할머니는 털모자까지 쓰고 잤다. 그래도 이불 밖으로 나온 볼과 코가 시렸다.

할머니는 정규학교를 다니지 못했다. 동생을 업고 천막 친 야학 맨 뒤에 서서 한글을 깨우쳤다. 할머니는 시시 적절한 속담도 잘 구사했고 구구단도 알았다. 글을 쓸 줄 알았던 할머니는 옛 맞춤법이었지만, 남편이 유학하는 동안 안부편지를 보내기도 했다. 말년에 성당에 나가시던 할머니는 그 많은 가톨릭 교리와 기도문을 익히고 암기했다.

어린 시절 할머니는 가끔 우리 고향이던 공주나 고모네 집에 다녀왔다. 그리고 집에 돌아 올 때면 늘 집 앞 구멍가게에 들러 손주들을 위한 빵이나 우유를 산 검은 비닐봉투를 들고 오셨다.

할머니와 친정엄마사이의 갈등을 나는 어린 시절부터 엄마에게 들으며 자랐다. 그러나 나는 할머니가 엄마에 대한 불만을 이야기하는 것을 들어본 기억은 없다. 할머니는 우리와 사는 동안 손자를 더 편애하거나 장손이라고 더 위하는 법도 없었다.

결혼과 함께 해외에 나가 사느라 그리고 내 자식 둘과 다시 친정에 얹혀 사느라 나는 할머니가 중풍으로 쓰러지고, 일어서고, 다시 병마와 싸우다 돌아가시는 순간까지, 아무런 보살핌이나 도움을 드리지 못했다. 경품으로 동네 노인들을 모아 만병통치약이라고 선전하던 약장수의 모임에 할머니는 자주 갔다. 중풍에 다리를 절던 할머니가 한 상자에 40만원이라는 그 약을 먹고 싶다고 했을 때도, 나는 그 약의 효능을 떠나 그 소원을 들어줄 형편이 못되었다.

할머니가 돌아가신 지도 올해(2018년)로 20년이 넘었다. 이제 산소마저 없어지고 할머니의 흔적은 내 기억 속에만 남았다. 삼베처럼 까슬까슬하게.

22) 나시키 카호의 아동문학을 2008년 영화화 했다. 자연 속에서 할머니와 교감하며 성장하는 소녀의 이야기이다.

23. 디어 마이 프렌즈

2017년 8월 18일 금요일, 친구 넷과 일박으로 파자마 파티를 했다. 고등학교 수학여행이후 우리끼리 밤을 지낸다는 건 35년만일 것이다. 파티라고 해봤자 술도 못 마시고 기름진 음식도 못 먹는 친구들이였다. 우리는 작은 식당 이층에서 백반으로 저녁밥을 먹었다. 밥하지 않고도 밥 한 끼를 먹을 수 있어서 아줌마인 우리는 즐거웠다. 월세가 나가지 않아 빈 채로 남아있던 한 친구의 오피스텔이 파티장소였다.

다섯 명이 밤새 맥주 여섯 캔 중 두 캔을 찔끔씩 나눠마셨지만 우리 모임에 술이 등장한건 처음이었다. 각자 잠들 때까지 수다를 떨었지만, 시간이 아깝다고 새벽부터 일어나 또 수다를 떨었다. 빵순이는 인스턴트 커피와 빵을, 밥순이는 누룽지와 밑반찬을 방바닥에 펼쳐놓고 아침식사를 했다.

우리의 여고시절 시내 번화가에는 유명한 만두집이 있었다. 만두를 찌는 찜통과 만두를 빚어 쌓아올린 판때기가 산더미를 이루던 집이었다. 세월이 흘러 그 만두집은 전국에 체인점을 냈다. 옛 맛을 잃은 건지 우리의 입맛이 변한건지, 우리는 음식 맛을 미심쩍어하며 체인점 한 곳에서 점심을 먹었다. 그리고 학창 시절 즐겨먹었던 분식얘기로 꽃을 피웠다. 우리는 아줌마들답게 오피스텔의 쓰레기를 치우고, 남은 음식을 챙기고, 이불을 싸서 차에 실은 후 헤어졌다.

호화 호텔은 아니었지만, 우리는 함께 잠까지 잘 수 있어서 기뻤다. 시중 들어줄 사람도 없었지만, 우리는 서로를 챙기느라 서비스가 넘쳤다. 일 년에 한두 번의 반나절 만남이 일박으로 늘어났다는 사실만으로도, 나는 이제 우리도 고된 삶속에서 조금씩 풀려나는 순간이 오고 있다는 것을 느낄 수 있었다.

고등학교를 졸업하고 우리는 서로 다른 대학으로 진학 했다. 각자 직장을 잡고 앞서거니 뒤서거니 결혼을 했다. 그러나 결혼 후 미국, 독일, 뉴질랜드, 포르투갈로 흩어지는 바람에, 우리는 모두의 결혼식에 참석하지도 못했다. 그 후 한국에 다시 모여들기 시작했지만, 다섯 명이 만나는 건 쉽지 않았다. 다들 직장과 거주지를 옮겨 다니느라 연락이 끊기기도 했다. 육아와 집안 살림 그리고 시부모를 모시며 사느라 주말조차 다들 여유가 없었다. 아주 가끔 하는 전화통화가 연락의 전부였다. 자식들이 중고등학교에 들어가면서부터, 우리는 일 년에 한번 주말에 얼굴을 볼 수 있었다. 아이들이 대학에 들어가기 시작하자 우리의 만남은 가끔 일 년에 두 번으로 늘어났다.

우리는 경쟁을 하듯 명품을 빼입고 짙은 화장과 보석으로 치장을 하고 만나지 않았다. 단발머리는 늘 단발머리로, 양배추머리는 늘 양배추머리로, 흰머리는 흰머리 그대로 나타났다. 얼굴에 세월의 흔적은 나타났지만, 몸매도 늘 그대로였다. 빼빼마른 동창은 늘 빼빼마른 몸으로 나타났다.

만날 때마다 변하는 건 우리의 대화내용이었다. 처음 우리 모임의 대화내용은 자식 교육에 대한 걱정이었다. 나이 오십이 되자 점차 화제는 가족의 건강문제로 옮겨갔다. 한동안 우리는 모임 때마다 의사 친구를 붙잡고 의료상담을 해댔다. 우리의 신체에도 이미 변화가 오고 있었다. 자궁적출 수술을 받았거나, 치아가 빠졌거나, 흐릿한 눈썹에 문신을 더하기도 했고, 나는 백내장 수술을 하였다. 물론 하나 둘씩 폐경도 맞고 있었다.

이제 각자의 남편들은 정년의 문턱으로 가고 있었다. 그리고 서로의 편의를 위해 부부가 각방을 쓰는 친구도 생겨났다. 우리는 어떻게 하면 남편들을 한곳에 몰아놓고, 노후에 우리끼리 즐겁게 살 수 있을까 하는 공상도 했다. 자식들이 어서 정서적으로 그리고 경제적으로 독립해 주기를 우리는 간절히 바랐다. 남편들의 뒤치다꺼리도 이젠 덜했으면 했다. 우리도 함께 해외여행을 떠날 날이 올지 희망을 품었다.

아직은 모든 게 희망일 뿐 우리에게는 자식보다 남편보다 연로한 부모들이 더 걱정이었다. 치매의 친정아버지를 돌보다가 떠나보낸 친구, 심혈관 질환으로 투병중인 시아버지를 돌봐야하는 친구, 식물인간 상태의 시어머니를 보호하고 있는 친구, 90대 중순의 시어머니를 요양원으로 모시게 된 친구, 치매가 점차 심해져가는 나의 아버지.

우리는 당장 눈앞의 노부모를 모시는 일과 길어지는 우리의 노후를 어찌 해야할지 걱정했다.

일 년에 한두 번 짧은 만남 속에서 나는 짐작한다. 학창시절 이후 우리는 각자의 삶속에서 서로 다른 재산크기만큼이나 서로 다른 가치관도 갖게 되었을 것이다. 그리고 삶에 지치고 가슴 아픈 이야기도 갖게 되었을 것이다. 그러나 우리는 자식과 집안 살림 그리고 가족건강만을 걱정하는 아줌마들이었다. 우리는 서로의 애달픈 삶을 짐작만 할뿐이었다. 서로가 건강하기만을 그리고 잘 헤쳐 나가기만을 무력하게 바랄뿐이었다.

그러나 이 나이에 다시 웃으며 만날 수 있으니, 다들 열심히 정직하게 잘 살아온 것이리라.

23) 노희경 극본의 2016년 tvN 드라마. 딸 완이의 눈으로 본 엄마세대들의 사연과 여성간의 연대를 다뤘다.

24. 중앙역

남편은 30년 된 오래된 편지들을 보관하고 있다. 대부분 내가 보낸 것이다. 결혼식 보름 만에 남편은 독일로 떠났고 한국에 남은 나는 일주일에 한두 통의 편지를 썼다. 편지를 받은 순서대로, 남편은 일련번호와 날짜를 편지봉투 한구석에 적어 두었다.

그 시절 일주일에 한 번하는 국제전화 통화와 항공우편 편지가 우리 부부를 연결하는 수단이었다. 그리움을 투정으로 담아 보내면, 남편은 진중하고 속 깊은 답장을 보내왔다. 사랑을 담아 위트 있고 애교 있는 편지를 보내면, 남편은 자랑삼아 기숙사 방문에 걸어두었다.

편지를 보내고 그 편지의 답장을 받을 때까지는 이주일이 걸렸다. 그래서 내가 묻고 그 대답을 받기도 전에, 나는 내 나름대로 결론을 얻고, 그 다음 주에는 또 다른 편지를 보내는 식이 되었다. 그런 탓에 남편은 지금까지도, "너 혼자 생각하고, 판단하고, 결론을 내린다고, 네 스스로 말하지 않았냐"고 한다. 그리고 무슨 일에 대해서든 내 생각이 허무맹랑하다고 생각한다. 11개월의 신혼생활을 대신했던 내가 보낸 마흔일곱 통 그리고 내가 받은 스물다섯 통의 편지를 끝으로, 1989년 8월 21일 나는 독일로 가게 되었다.

타국에서의 신혼생활 그것도 유학생활은 소박하고 단순했다. 새로운 곳에서의 우리의 삶이 궁금했던 가족, 친구, 옛 직장동료들이 편지를 보내왔다. 당시 편지에는 서로에 대한 안부와 염려, 각자의 삶에 대한 기대 그리고 그리움이 묻어났다. 삐뚤삐뚤한 글자체와 옛 한글맞춤법으로 써 보냈던 지금은 돌아가신 할머니와 외할머니의 정겨운 편지, 늘 과묵했던 친정아버지가 보낸 편지, 친정가족내의 소소한 소식을 전해주었던 여동생과 문학적 감수성이 풍부했던 남동생의 편지, 한국과 미국에서 오는 시댁 형님들의 편지, 이제는 소식이 끊긴 옛 직장동료들의 편지, 결혼 후 미국으로 프랑스로 뉴질랜드로 향했던 친구들로부터 온 편지.

편지 봉투를 뜯는 설레임 그리고 각자의 필체와 문체 속에서 느껴지던 그 사람의 냄새. 나는 각각의 봉투 속에서 나오는 목소리보다 더 선명한 그들의 이야기를 들을 수 있었다. 가끔씩 편지와 함께 오는 몇 장의 사진도 오래도록 들여다보곤 했다. 편지를 읽는 것은 반갑고도 행복한 시간이었다. 가족끼리 편지를 주고받아본다는 것은 그 시절만의 특별하고도 귀한 경험이었다.

1994년 10월 중순 나는 5년간의 독일생활을 접고 두 아이들과 함께 한국으로 돌아왔다. 남편은 어떻게든 독일에서 공부를 끝내야했고, 나는 아이들과 한국에서 살아내야만 했다. 그러나 거처로 생각했던 친정은 할머니의 중풍으로 식구들이 마음고생을 하고 있었다.

시댁에서는 나를 남편 밥해주기 싫어 도망쳐 나와 한국에 "평지풍파"를 일으킨 며느리로 생각했다. 친정으로 찾아온 시어머니는 "굶어죽든지 말든지 왜 한국으로 나왔냐"는 말을 친정엄마 앞에서 서슴지 않았다.

가족들에게 각자가 받는 시달림은 우리 부부가 물리적으로 떨어진 거리만큼이나 마음도 멀어지게 만들었다. 차츰 우리 부부 사이의 편지는 애정과 그리움보다는, 불안함과 궁핍함속에서도 선택의 여지가 없었던 남편의 무력감 그리고 삶의 무게에서 오는 나의 힐난으로 채워지게 되었다. 그 사이 아이들은 차츰 한글을 깨우치기 시작했고, 아빠를 그리워하는 짧은 글들을 써 보내기 시작했다.

남편이 귀국한 후부터는 가족끼리 서로 편지할 일이 없어졌다. 그러나 얼굴을 마주하는 대신 직장생활을 시작하고 바빠진 남편과 나는 오히려 얘기할 기회가 줄어들었다. 나는 가끔 남편이 해외 출장을 떠나는 경우, 그간 못한 이야기나 서운했던 점, 남편이 더 신경 써줬으면 하는 바램들을 편지로 써서 가방에 넣어주었다. 그러나 남편은 예전과 달리 답장은커녕 잘 읽었다는 말도 하지 않았다. 그러한 남편의 반응은 '네 생각 할 시간조차 없다'고 나를 거부하는 느낌이었다. 그 즈음부터 남편과 나는 일 년에 한번 생일카드조차 나누지 않는 사이가 되었다. 생일카드를 쓰는 일은 이제 자식들의 몫이 되었다.

2000년에 우리가족도 인터넷을 설치했다. 이제 편지대신 이메일이 대세가 되었다. 그러나 남편을 시작으로 식구들이 차례차례 핸드폰을 갖게 되었고, 이메일보다 더 손쉬운 핸드폰 문자가 나타났다. 그 후 우리가족도 라인이나 카카오 톡을 통해 공짜로 문자를 주고받게 되었다.

2014년 3월 중순, 두 아이들이 캐나다로 어학연수를 떠났다. 나는 일주일에 한 두통의 이메일을 아이들에게 보냈다. 이메일이나 편지나 아이들에게 글을 적어 보내는 엄마의 마음은 같았다. 편지에 비하면 이메일은 종이, 펜, 편지봉투, 우표도 필요 없고, 우체국에 갈일도 없었다. 언제든지 컴퓨터를 켜고 아무 때나 써서 아무 때나 보낼 수 있었다. 몇 번이고 다시 고쳐 써도 모니터 화면 한 페이지면 되었다.

아이들은 카카오 톡으로 거의 매일 외국생활 소식을 전하고 사진도 보내주었다. 영상통화도 했다. 얼굴을 보며 전화를 하다니, 그것도 국제간 연락을 공짜로 주고받다니. 우리부부가 유학하던 시절과 비교하여 격세지감이 느껴졌다. 손쉬운 이메일과 공짜 영상통화에도 불구하고, 남편은 비행기를 타고 캐나다로 직접 아이들을 보러갔다.

편리하고 저렴하게 긴 글을 전할 수 있는 세상이 되었지만, 남편은 업무상 필요에 의해서만 이메일을 사용했다. 나에게는 늘 문자를 보냈다. 세월이 흘러도 문자내용은 한결같았다. "지금 출발 합니다. 지금 일어납니다. 곧 갈게요. 허기지네. 배고프네." 그 외의 문자가 있다면 "와인 사갈까? 치킨 사갈까? 삼겹살 먹을까?" 정도의 내용이었다.

차츰 우리 부부 사이에는 말로도 글로도 표현되는 감정이 없어졌다. 적나라한 현실만이 주고받는 말이나 글의 전부가 되었다. 결혼 20년을 넘기며 남편은 더 이상 "사랑해"라는 말도 하지 않게 되었다.

유쾌한 일들은 아니었지만 우리 부부가 함께 고민해야할 문제가 생기면, 나는 며칠을 고민하다가 남편에게 이메일을 보냈다. 그러나 남편은 그것이 자신에 대한 "심리적 테러"라고 하였다. 좋다는 표현도 싫다는 표현도 못하는 사이처럼 되어갔다. 현실의 무게 때문인지 영혼의 고통은 나 혼자 해결해야 할 문제가 되었다. 쉽고 빠른 이메일도 부부간 소통문제를 해결하지는 못했다.

네 식구가 살았지만 우리 부부간의 대화는 주로 남편 주변 사람들의 이야기였다. 그래도 나는 남편의 관심사가 남편을 이해하는 방법이라 생각했다. 그러나 그것은 결국 소통이 아닌 남편의 일방적인 자기과시였다. 정작 해결해야 할 부부간 갈등, 시댁과의 갈등, 자식들의 문제는 소통의 결론이 아닌, 각자가 편한대로 결정하고 행동함으로써 부부간 감정의 골은 더 깊어졌다. 나는 우리 부부가 살기위해 행정적인 문제를 처리하는 각기 다른 부서처럼 느껴졌다.

30년 된 옛 편지들을 나는 다시 펼쳐 읽어 보기가 두렵다. 아름답고 좋은 추억만큼 아프고 힘든 시절이 그 안에 담겨있기 때문이다. 그 시절 젊었기 때문에 결혼에 대해, 부부의 삶에 대해, 서로를 사랑하는 법에 대해 성숙하지 못했는지도 모른다. 그러나 방법은 몰랐지만 치열하게 고민했던 흔적들은 남아있다. 그 시절의 편지는 외롭고 힘든 삶을 헤쳐 나온 우리 부부의 상처 같은 것일 수도 있다. 어쨌든 그 많은 하소연을 들어줄 사람은 당시에 나에게는 남편밖에 없었다. 표현이야 어떻든 나는 그 편지들이 우리 부부간 사랑의 (우격)다짐이었고, 보이지 않던 미래에 대한 희망은 당신뿐이라는 걸 확인하는 시간이었다.

어린 시절 편지봉투를 물에 담가 조심스레 우표를 뜯어내던 우표수집에 대한 추억이 떠오른다. 국민 학교 시절 군인 아저씨에게 받은 답장도 기억난다. 국민 학교 4학년 연말에 보낸 위문편지에 군인 아저씨는 다음해 내가 5학년이 되어서야 답장을 보내왔다. 인사과에 근무하는 상병이었다. 누런 갱지에 크고, 곧고, 바르게 잘 쓴 글씨체에서 나는 어린 나이였음에도 불구하고 군인 아저씨의 이미지를 떠올릴 수 있었다.

흘려 쓰는 자음과 곧게 뻗은 모음의 조합을 가진 남편의 어른스럽던 필체. 그래서 편지만 봐도 믿음직스럽던 그 시절의 편지를 이제 받을 수 없는 것일까? 어느 영화(노트북, 소설을 바탕으로 닉 카사 베츠 감독이 2004년 만든 미국영화)에서처럼 우리 부부 중 누군가 치매에 걸렸을 때, 우리가 사랑했던 그 시절의 편지를 읽어준다면, 그토록 사랑했던 그 순간의 주인공이 바로 자신이었음을 우리는 기억할 수 있을까?

24) 1998년 브라질영화. 중앙역 한구석에서 글 모르는 사람에게 편지를 대필해주는 전직교사 도라. 그러나 돈은 받고 써준 편지를 부치기는커녕 쓰레기통에 버린다. 그런 도라가 잊혀 지지 않기를 진정으로 바라는 마음을 담은 편지를 써서 부치게 되기까지의 이야기를 담았다.

25. 레볼루셔너리 로드

"가난한 집안에서 태어나서 능력 있는 자신을 마음대로 개발할 수 없을 때, 그 책임은 누구에게 있는 것일까?" 중학교 3학년이던 1978년 4월 4일 일기에 나는 이렇게 썼다. 아마 그때쯤 집안 형편과 내 앞날에 대한 현실적인 생각을 했던 거 같다. 그해 가을에는 상업고등학교에 진학하겠다고 썼다. 일가친척 중에 장래를 논의할만한 학식 있는 사람이 없음을 한탄하기도 했다. 어쨌거나 나는 인문계 고등학교로 진학을 했고 대학에 갔다.

대학 졸업 후 나는 공부를 계속하고 싶었다. 하지만 대학에 들어올 때조차 집안의 반대를 무릅써야 했다. 집안은 넉넉지 않았고 세 명의 동생이 있었다. 대학 4년 내내 장학금을 받았고 문과대학을 수석 졸업했지만 직장을 선택했다.

"네가 벌어 시집가라"는 부모의 요구에 강제로 저축을 하고나면 약간의 용돈이 남았다. 난생 처음 용돈이 생긴다는 것 외에, 매일 같은 일을 반복해야하는 직장생활에 나는 별의미를 느끼지 못했다. 일 년 후 더 근무여건이 좋은 외국 항공사로 이직을 했다. 그리고 일에 대한 성찰보다도 선배들이 하는 대로 흉내를 내며 그럭저럭 일을 해나갔다.

1987년 출근시간 경인선은 지옥철이었다. 자리를 잡고 앉아도 앞사람에게 떠밀려 무릎은 짓이겨 지고 머리는 차창에 부딪쳤다. 하루 왕복 3시간의 통근은 고역이었다. 전철은 한 달에 한두 번 출근길에 멈춰 섰고, 나는 그때마다 지각하는 회사원이 되었다. 일상에 지치고 의지가 꺾인 나는 공부를 다시 시작할 수 있을지 고민이었다. 주어진 환경에서 최선을 다하는 성격이지만, 나는 개척해나가는 출구는 늘 찾지 못했다.

그때 만난 남편은 의지가 강한 사람으로 보였다. 2년간의 직장생활 속에서도 의지를 꺾지 않고 구체적인 계획을 세워 실천해가고 있었다. 그러나 다른 한편으로는 직장은 그만두었고 앞날은 불투명한 남자였다. 독일로 유학을 간다면서 한 줄 건너 하나씩 단어를 찾아야만 책을 읽는 독일어 실력을 갖고 있었다. 컴퓨터 언어와 카메라 기술을 배우고 있었지만 기계에 대한 감도 전혀 없어보였다.

그런 허술한 면도 있었지만, 미래를 장담하는 허황됨은 없었다. 능력은 알 수 없었지만 언제라도 뜻하는 바를 해낼 수 있는 의지력 있는 사람으로 보였다. 그 모습에 결혼을 해도 좋겠다는 확신이 들었다. 그리고 그때의 내 믿음을 놓지 않으려고 나 역시 버텨온 30년이었던 것 같다.

남편은 1986년부터 2년간의 직장생활을 통해 모은 돈을 주식에 투자하여 2천만 원의 유학자금을 만들었다. 그 돈의 이자와 시아버지의 도움을 절반정도 받아 유학을 마치고, 2천만 원은 귀국 후의 기초생활자금으로 계획하고 있었다.

독일에서 남편은 '칸트처럼' 살았다. 매일 규칙적으로 일어나 도서관과 강의실을 오갔다. 운동과 장보기가 쉬는 시간이었다. 시아버지는 전화를 해서 매번 "술 못 먹게 하라"고 하셨다. 나는 남편이 도대체 대학시절을 어떻게 보냈는지 의아했다. 남편은 맥주 한잔도 입에 대지 않았기 때문이었다. 결혼 전 남편은 이미 담배도 끊은 상태여서, 나는 남편이 담배피우는 모습도 평생 본적이 없었다.

남편이 학업에 정진하는 반면, 나는 두 아이를 낳은 후 전업주부가 되었다. 경제력 없는 남편과 사는 유학생 부인에게는 일상소비조차 한정적이었다. 주부로서 살림을 하는 기쁨도 없었다. 당연히 생활에 활력이 될 정도의 유희도 허락되지 않았다. 미래를 위해 저축을 할 수도 없고, 언제일지 모르는 남편의 공부가 끝나기만을 막연히 기다리는 생활이었다.

가끔 "그 당시 유럽여행 많이 했겠네요?"라고 묻는 사람들이 있다. 그 사람들은 유학생의 현실을 모르는 사람이다. 그래도 이국의 풍광과 다양한 과목을 공부하는 주변사람들과의 대화가 궁핍한 생활에서 삶의 풍요로움을 안겨주었다.

남편은 외교학과에 가서 외교관이 되는 게 꿈이었다. 그러나 재수를 했음에도 원치 않던 대학의 영문과에 입학했다. 남편은 대학 생활이 너무 괴로웠다. 군대를 제대한 후 외교관이 되고자 했지만 시험에 떨어졌다. 남편은 대학에 복학하는 대신, 미국에서 정치학을 다시 공부하고 싶었다. 그러나 미국에서 유학하던 둘째형은 남편의 아홉 장에 걸친 편지에도 불구하고 답장하지 않았다. 남편은 둘째형에게 학비를 보내며 고통 받는 부모의 모습을 지켜보았다. 결국 남편은 영문과를 졸업하고 직장생활을 거쳐 학비 없는 독일로 유학을 가기로 했다.

현실과 타협하고, 자신의 능력과도 타협하고, 차근차근 준비도 했지만, 또 다시 현실은 녹록치 않았다. 환율은 거침없이 오르고 생활비 부담은 커졌다. 내가 가지고 있던 돈이며, 독일에서 받을 수 있는 경제적 도움 그리고 남편이 방학 때 철공소 아르바이트까지 했지만, 궁핍함은 나아지지 않았다.

남편이 석사학위를 마칠 즈음, 남편 혼자서라도 경제적 압박 없이 빨리 학위를 마치기로하고, 나는 먼저 아이들과 한국에서 자리를 잡기로 합의 했다. 남편은 첫째 시아주버니에게 한동안 더 경제적 지원을 받았고, 슈퍼마켓과 극장에서 일하며 학업을 계속했다. IMF이후 경제적 지원이 끊긴 마지막 2년, 남편의 표현대로 "장기밖에 팔게 없던 그 시절"을 버티며 남편은 논문을 썼다. 그리고 통역 일을 한 돈으로 귀국 행 비행기 티켓을 마련했다.

귀국한 남편은 한국에서 다시 경제활동을 시작 하느라, 우리 부부사이의 문제나 아이들의 정서적 문제에 관심을 두지 않았다. 커가는 아이들 교육문제, 2년마다 옮겨 다니는 전세살이, 노부모 부양문제까지 동시에 겹치며 숨막힐 듯 한 경제적 어려움이 10여 년간 지속되었다. 늦은 나이와 경제적 문제로, 논문을 쓰고 대학에 지원하려는 남편의 꿈은 번번이 실패했다.

게다가 유학하는 동안 시댁에 경제적으로 의존했던 남편의 부채의식은 평생 마음의 빚으로 남았다. 미국유학 뒷바라지를 했지만 부모형제와는 상관없이 살려는 둘째 형과의 비교심리도 남편에게 압박을 더했다. 서울에서 전주로 직장을 옮기며 시댁과 지리적으로 더 가까워지자, 시어머니를 모시고 사는 큰형의 부담을 덜어야한다는 압박감도 생겼다.

평생 동안 큰아들과 생활을 해왔지만, 시어머니는 막내아들인 남편에게 심리적으로 더 의지했다. 집안에서 처음으로 학위를 가진 남편은 시댁의 자랑거리가 되었다. 상황이 이렇다보니 남편은 시댁과 관련된 일이면 무엇이든지 순종하게 되었다. 소위 '착한 아들 콤플렉스'에 걸린 사람처럼 보였다. 따라서 모든 며느리들이 겪는 시댁과의 갈등이 나에게도 쉽게 해결되지는 않았다.

결혼 후 나는 시댁식구들에게서 새로운 가족 구성원에 대한 배려심을 기대했다. 어린 동생들만 있는 친정과 달리 시댁 형제들은 모두 결혼을 했고, 시부모님들도 사회적으로 영향력을 가져본 사람들이었기 때문이었다.

결혼 초 시아버지께서, “첫째 아들은 한국에, 둘째아들은 미국에, 셋째 아들은 이란에, 넷째 아들은 독일에 있다”며 세계로 뻗어나가는 집안을 자랑스레 여기는 말씀을 하셨다. 그 이야기를 전해들은 친정아버지는 혀를 끌끌 차며, “얼마나 불쌍하냐. 제 나라에서 벌어먹지도 못하고 남의 나라에 가서”라고 하셨다. 이렇게 친정과 시댁은 성향이 많이 다른 집안이었다. 친정은 과묵했고 부모님들은 자식들의 일을 지켜보며 결과만을 통보받는 식이었다. 그러나 시댁은 남자형제들로만 이루어졌음에도 불구하고, 온 식구가 서로의 일에 호기심이 많았다. 말도 많고 과장도 많아 보였지만, 가족 간에 자상하고 우애가 두텁게 보이기도 했다. 그리고 소극적인 친정 식구들에 비해 사회성도 있고 자부심도 있는 집안으로 보였다.

그러나 나는 시댁식구들이 며느리조차 가족으로 여기지 않을 만큼 가족이기주의가 아주 심하다는 것을 알았다. 그래서 시댁에서 가장 진보적이며 시댁 어른들의 신뢰를 받는 남편의 중재를 기대했다. 그러나 남편은 시댁에 대한 자신의 심리적 부담감 때문인지, 현명한 남편보다는 잘난 아들 역할에 집중했다.

남편은 시댁이라는 새로운 가족과 적응해야하는 나의 입장을 이해하려하지 않았다. ‘네가 싫으면 나만 한다’는 식으로 행동했다. 나에게는 남편의 그런 태도가 ‘나만 잘 보이면 된다’는 것으로 보였다. 결국 시댁과의 갈등은 나를 배제시키는 것으로 해결하려 하였다.

열아홉 번의 도전 끝에 남편은 나이 50에 교수가 되었다. 더군다나 시댁 가까이 있는 전주로 오게 되자, 남편은 한 달에 한번 정도 혼자 시댁에 다녀왔다. 시댁식구와 외식을 하고 드라이브를 했다. 내가 아이들을 돌보러 서울에 가면 시어머니를 모셔 와서 단 둘이 지냈다. 그러나 단 한 번도 남편은 나에게 사전에 의논하지 않았다. 내가 일부러 시댁 식구를 피하는 인상을 주지 않도록, 내가 있을 때 함께 하자고 해도 듣지 않았다. '네가 잘하면 내가 이러겠냐'는 태도였다. 시어머니가 아프기라도 하면 남편은 나에게 상의도 없이 병원비부터 챙겼다. 명절이면 큰아주버니, 작은 아주버니, 시어머니로 나누어 선물을 하기도 했다. 남편은 나에게 "기본도 안하냐?" 는 말을 자주 했다. 시댁에서 우리는 부부가 아니라 훌륭한 막내아들 뿐 이었다.

그렇다고 남편이 처가에 잘하는 사람도 아니었다. 남편은 백년손님이었다. 나는 결혼 직후 일 년 그리고 독일에서 귀국 후 아이들과 이 년 동안 친정에 얹혀살았다. 그 후 친정 근처에 살면서 친정엄마에게 살림과 육아의 도움을 받으며 일을 했다. 2005년 서울로 이사 오기 전까지 10년 넘게 친정의 도움을 받았다. 그러나 남편에게 처가는 잔칫날 초대받아가는 곳이었다. 맏사위였지만 그런 책임감도 의무감도 없었다.

2016년 말부터 친정아버지가 병원에 입퇴원을 반복했다. 그리고 초기 치매진단을 받았다. 남편은 병원비 걱정은커녕 병문안도 가지 않았다. 그 대신 유럽 출장 중에 사온 술병을 들고 시댁에 갔다. 그 후 혼자 유채꽃 놀이를 가고, 시어머니를 모시고 고창 읍성에 놀러갔다. 시어머니가 틀니를 다시 하게 되었다는 소식에 다시 병원비를 챙겨들고 시댁에 갔다. 몽골 출장을 다녀왔고 또 술을 들고 시댁에 갔다. 그 사이 남편은 서울에 수 십 번을 오르락 거렸지만, 인천 처가에는 들르지 않았다. 2017년 시댁에서 추석을 보낸 후에야 장인을 찾아가 보았다.

남편은 늘 시댁에 돈쓸 일이 생기면 "더 벌어 올테니 더 많이 하라"고 했다. 그러나 친정에 돈쓸 일이 생기면 "내가 뭐가 있어서 하느냐"는 말을 먼저 했다. 늦은 나이에 경제적 활동을 시작했고, 늘 발바닥에 불이 나도록 뛰어다니는 남편이었다. 내가 경제적으로 힘이 되지 못하는 것이 미안할 뿐이었다. 뻔한 우리의 경제적 현실을 잘 알고 있었지만, 자신의 부모형제에 대한 마음과 아내에 대한 배려가 너무 다른 남편이 나는 야속했다.

그나마 시댁에 용돈을 보낸 지 10년 만에, 남편은 친정에도 용돈을 보내는데 극구 반대하지는 않았다.

마음의 빚이 있는 시댁 식구뿐 아니라, 남편은 자신에게 호감을 보이는 상대에게 무조건적인 반응을 보였다. 사실 결혼 전 나는 사람을 대하는 남편의 이러한 태도를 장점으로 생각했었다. 나는 사회성 없는 친정아버지 밑에서 자랐다. 친정엄마 또한 배움이 적고, 없는 살림에 많은 식구들 뒤치다꺼리를 하느라 자존감마저 상실한 듯한 태도로 살아온 분이었다. 아이들이 밖에 나가 돈쓸 일을 만들어오지 않길 바라는 친정부모는 우리가 밖에 나가는 것 조차 싫어하였다. 그러다보니 우리형제들은 어려서부터 타인을 대하는데 어려움이 많았다. 나는 학교에서 늘 만나는 선생님조차 어떻게 대해야 하는지 힘들었다. 남을 비난하는 듯한 힐난조의 친정엄마의 말투를 자연스레 답습한 나는, 성인이 된 후에도 가끔 남을 곤혹스럽게 했다. 공부를 잘하던 나를 꾸짖는 사람이 없었으므로, 나는 직장생활을 하면서 겨우 타인과의 관계를 성찰하기 시작했다. 그렇다보니 남녀노소 누구에게나 친근하게 대하는 남편의 태도가 인상적이었다.

남편은 그 누구에게도 악의를 갖고 행동하는 법이 없었다. 자신이 손해를 보더라도 남의 부탁을 거절하는 법이 없었다. 본인이 곤혹스럽거나 힘들어도 불평 없이 부탁을 들어주는 편이었다. 부탁을 들어주는 정도를 넘어서서, 때로는 자청해서 부탁 이상의 일을 떠맡기도 하였다. 나는 남들이 남편의 그런 성격을 이용하는 건 아닌지 의심이 들 때도 많았다. 남편은 타인을 볼 때 그 사람의 장점을 우선시 했고, 이제 와서 단점을 지적한다고 그 사람이 바뀌겠냐며 그대로 수용해주는 편이었다. 남편은 사람을 본인 앞에서도 칭찬했다.

자연스레 남편 주변에는 사람들이 많이 따랐다. 그러나 이러한 장점은 결혼 생활이 계속될수록 나에게는 남편의 단점이 되었고, 나와 마찰을 빚는 가장 큰 원인이 되었다.

결혼 전에는 남편과 타인 두 사람의 관계였지만, 결혼 후에는 부부가 모든 관계를 공유하게 된다는 생각을 못하는 것 같았다. 친구와의 관계를 우선시 하다 보니 나와 상의도 없이 돈을 꿔주었다. 토요일에 돈을 꾸고 월요일에 갚겠다던 친구는 7년이 지나서야 돈을 갚았다. 다음 달부터 할부로 원금만 갚겠다던 친구도 5년이 넘도록 감감 무소식이었다. 나는 친구들의 신뢰감 없는 태도가 돈 문제를 떠나 남편을 무시하는 태도로 보였다.

남편은 남의 말만 듣고 억대의 아파트도 청약신청을 하고 왔다. 없는 살림에 계획 없던 아파트 청약은 우리 가계를 수년간 옥죄며 부부싸움의 원인이 되었다.

남편은 나와 선약이 있어도 시댁식구의 요청이면 또 약속을 겹쳐 잡았다. 결국 중복된 약속을 놓고 우리 부부는 부부대로 싸우고 남편은 남편대로 시댁에 민망함을 보여야하는 상황이 되었다.

그러나 남편은 자신의 이러한 행동들이 아내인 나를 무시하는 행동이라 전혀 생각하지 않았다. 오히려 자신에게 호감을 보여준 사람들에게 거절하는 행동을 더 미안해했다.

어쩌다 한번이라도 만난 적이 있는 사람이거나, 30년만의 부고연락에도 남편은 어김없이 조의금을 보냈다. 남편이 조금 불편해도 남에게 해줄 수 있는 행동은 그래도 괜찮았다. 그러나 타인의 행동이 분명히 잘못되었다는 것을 알면서도, 남편이 그 상황을 묵인하는 것을 나는 참을 수 없었다. 상대방은 당연히 자신의 잘못을 깨닫지 못했거나 그런 관계를 이용하는 듯 보였다. 문제는 자신이 직업상 반드시 충고를 해야 할 제자나 후배에게 조차 무조건적인 동조의 태도를 취한다는 것이었다. 모든 사람에게 잘하려고 하는 남편의 그런 태도가 나에게는 인간관계에 대해 뭔가 잘못된 태도로 보였다.

남편에게 충고나 거절은 인간관계의 단절을 의미하는 듯싶었다. 이러다 보니 남편과 나는 우리 부부가 아는 타인을 사이에 두고 자주 마찰을 빚게 되었다.

나는 어차피 사회생활에도 상대해야할 인간관계의 범위라는 게 있고, 모든 사람에게 다 잘 보일 수는 없다는 생각이었다. 어른이라고 다 스스로를 성찰할 능력이 있는 것도 아니니, 타인의 행동이 나에게 불편하다면 이야기하는 게 좋다는 생각이었다. 단기적인 관계에서는 남편과 같은 행동이 좋을지 몰라도, 결국엔 나까지 세 사람이 불화로 가는 길이라고 생각하였다. 나는 적당히 화해하는 것보다 정확히 사태를 인식하는 편이 더 진정한 관계라 생각하였다.

그러나 남편은 모든 사람들이 다 자신을 좋아하고 칭송해야한다고 생각하는 것 같았다. 나는 남편이 모든 사람에게 친절한 사람이라기보다, 모든 사람들에게 잘 보여야 한다는 강박증이 있는 사람처럼 보였다. 그래서 나는 가끔, "당신, 국회의원 출마하려고 그래?" 라고 물어봤다.

때때로 남편은 본심과 달리 겉으로만 상대를 칭찬하는 위선적인 사람처럼 보였고, 때로는 자신이 할일을 제쳐두고 남의 부탁에 충실하는 어리석은 사람으로, 때로는 옳고 그름을 따지지 않고 자신에게 호감을 보이는 사람에게만 집중하여 일을 그르치는 사람으로 보였다.

대부분의 사람들은 남편을 다정하고 포용력 있는 사람으로 생각했다. 그러나 정작 군대, 기숙사, 직장에서 직접 부딪히며 생활했던 사람들은 남편이 타인에 대한 배려심이 없다거나, 이기적이라는 말을 자주 했다. 남편은 자신이 타인을 지배하려는 권력욕이 있기 때문이라고 스스로를 분석했다. 내가 보기에도 남편은 자신이 지배하고 호의를 베풀어야할 대상으로 보았던 사람들에게는 한없는 아량을 베풀었지만, 자신과 동등하거나 자신을 지배하려는 힘을 가진 사람들에게는 절대 호락호락하지 않았다. 오랫동안 관찰한 결과 나는 남편의 태도가 사실은 역설적이게도 타인에 대한 존중보다 내재한 우월의식이라는 생각이 들었다.

결혼 생활은 남편과 현실적인 문제를 해결하며 일상을 사는 것만은 아니었다. 남편의 꿈과 좌절 그리고 그로 인해 왜곡된 남편의 심리까지도 이해해야만 했다. 그 기간은 아주 길었고, 이해하기 아주 힘들었으며, 아무리 대화를 해도 쉽게 변하지 않았다. 나 역시 상처받을 수밖에 없는 세월이었다.

결혼 전 유학을 결정한 남편을 만났을 때, 나는 남편이 공부하고 연구하는 학자의 길을 선택한 사람이라 생각했다. 그러나 남편은 보기보다 권력욕이 강한 사람이었다. 사람과 세상일에 호기심을 보이고, 남 앞에 나서기도 좋아했다. 남편은 책상에 앉아있을 때보다 사람을 만나러 나갈 때 더 즐거워 보였다. 주도적으로 일을 계획하고, 사람을 조직하고, 실현해 내는 일에 능력을 보였고, 그 과정에 기쁨을 느꼈다.

남편은 일생동안 하고 싶었던 일을 한 번도 제때에 이루지 못했다며 늘 한스럽게 생각했다. 자신감만큼이나 스스로 열등감이 심한 사람이었다. 그래서 가끔, "한눈 한번 팔지 않고 살았는데, 왜 이 모양 이 꼴이냐"고 자조 섞인 말을 했다. "시지프스 같아. 해도 해도 제자리니." 의지를 꺾지 않고 열심히 살아왔지만, 남편에게 현실은 여전히 불만족스러운 것 같았다. 최선을 다했는데, 자신의 능력이 늘 목표에 닿지 않았다고 남편은 생각했다. 그런 자신의 모습을 돌아가신 시아버지는 "불쌍한 놈"이라며 안타까워했다고 했다.

남편 스스로의 생각과 달리, 그래도 시댁식구들은 남편을 대단한 사람으로 생각했다. 나는 친정집 형제자매들과 별반 나을 것도 없는 남편을 왜 시댁식구들이 그 나이가 되도록 그렇게 대하는지 의아했다.

입시로 고등학교에 꼴찌에서 네 번째로 들어갔지만, 남편은 여고생들과의 독서클럽에 관심을 보였다. 재수를 해도 원하는 대학에 못 들어 간 것을 한탄 만 했지, 들어간 대학에서 조차 술로 세월을 보냈다. 남들은 몇 년 씩 하는 고시공부도 8개월 만에 때려 쳤다. 시아버지가 로터리 클럽 회장이었지만, 정작 자신은 대학 성적이 나빠 유학을 준비할 때, 장학금조차 받지 못했다. 못마땅한 직장생활을 한다는 명분하에 직장생활동안 유학자금 마련이외에는 술로 지냈다. 남편은 젊은 시절 한 번도 경제적 어려움이 없었다. 자신의 능력이외에는 걱정 할 것이 없었다.

나는 남편이 삶에 겸손하지도 않고, 능력에 맞지 않게 과도한 욕심을 부려온 것처럼 보였다. 남편의 욕심은 열심히 살게 하는 원동력이 되었지만, 무엇보다 나이 60이 될 때 까지도 스스로를 불행하게 여기는 근원이기 때문이었다.

"딱 하루만 더 있었으면 좋을 텐데"를 주문처럼 외치며, 남편은 오늘도 넘치는 일 더미 속에서 허우적댄다. 그래도 남편은 불평 없이 매번 새로운 일에 도전하며 에너지를 쏟아 붓는다. 남편 후배가 그런 남편을 보고 말한다. "그만 혀, 그만 혀(그만 해, 그만 해.)."

"사람들이 자신이 하는 일에 열정이 없어요." 남편은 삶에 안일한 태도를 보이는 사람들에게 일갈을 한다. 내가 처음 본 그때처럼 남편은 불굴의 의지와 집념을 오늘도 불사른다.

평생 흐트러지거나 게으른 남편의 모습을 나는 본적이 없다. 허리를 똑바로 세우고 정자세로 앉아 텔레비전을 보는 남편의 모습에 때로 나는 깜짝 놀란다. 삶에 늘 긴장하는 모습으로 보인다.

남편은 아직도 못다 이룬 꿈을 쫒느라 허우적대고 있는지도 모르겠다. 그런 모습이 자신을 위한 삶인지 타인을 위한 삶인지 때로 나는 안쓰럽다. 그래도 남편은 여전히, "난 지금부터 시작이야"라고 외친다. 꿈을 쫒고 살기엔 능력만으로도, 의지만으로도 그리고 현실도 만만치 않다. 어쩌면 이렇게 현실에 타협하고 사는 나에게 남편이 벅차기만 한지도 모르겠다.

25) 리처드 예이츠의 1961년 소설. 레오나르도 디카프리오와 케이트 윈슬렛 주연으로 2008년 영화화 되었다. 꿈과 현실사이에서 방황하는 1950년대 부부의 비극적인 결혼생활을 그렸다.

26. 토스트

내가 차려놓은 식탁에 앉을 때 마다 남편은 "정갈하다"는 표현을 자주 썼다. 남편은 '에스테틱(미적 감각)'을 중시하는 사람이었다. 식탁에 테이블 러너는 깔았는지, 숟가락 젓가락은 수저받침 위에 올려놨는지, 그릇 모양과 담긴 음식이 잘 어울리는지, 각 음식의 색깔이 식탁 전체적으로 조화를 이루는지를 한눈에 파악했다. '테이블 세팅'이라는 말을 들어본 적도 없을 것 같은데, 남편은 그런 것들을 본능적으로 알아챘다.

차 한 잔을 마셔도 남편은 찻잔의 모양과 차 종류가 어울리는지, 먹다 남은 케이크 조각 일망정 얼마나 깔끔하게 접시에 담아내는지 유심히 쳐다봤다.

남편은 좋아하는 음식을 많이 먹는 것도 좋아했지만, 이렇게 '식탁위의 미학'에도 꽤나 집착하는 사람이었다. 나 역시 대충 차려내는 사람은 아니었다. 남편의 취향과 성격을 잘 아는지라, '센터피스(식탁장식용 꽃)'는 없어도 늘 식탁 차림새에 신경을 썼다.

자신이 깍듯이 대접받기를 좋아하는 만큼 남편은 손님을 맞을 때도 신경을 썼다. 남편은 이웃집 아이가 놀러 와도, "우리 집에 물, 주스, 우유가 있는데 뭘 마실래?"하고 물어본 후, 유리잔에 알맞은 높이로 따른 음료를 쟁반에 받쳐 내왔다. 어리지만 자신을 존중하는 느낌을 받은 이웃집 아이는, "아저씨가 매우 친절하다"고 말했다.

남편이 유학을 마치고 귀국한 후에, 우리 집에 큰 형님이 방문한 적이 있었다. 남편은 그 당시 살고 있던 전셋집이 누추해 보였는지 부랴부랴 벽지를 사다 도배를 했다.

물론 손님이 오면 남편은 대접할 음식메뉴에도 신경을 썼다. 그렇다고 남편이 직접 나서서 요리를 하거나 돕는 것은 아니었다. 그러다 보니 늘 시시콜콜한 참견이 되었다.

나는 결혼 초부터 요리를 잘하는 사람이 아니었다. 대학 졸업까지는 공부만 했고, 곧 직장엘 다녔다. 직장을 그만두고 독일로 가기 전, 텔레비전의 아침 요리프로그램을 보며 적어둔 노트 한권이 내 요리 실력의 전부였다. 결혼 전 나는 전기밥솥으로 밥 한번 지어 본 적이 없었다.

남편 역시 고등학교시절부터 혼자 살아왔지만, 그 세월에 비해 요리 실력은 정말 형편없었다. 나이 서른에 유학 간 독일에서 한식을 먹기 위해, 하는 수없이 남편은 요리를 시작해야했다. 고기를 좋아하는 남편이 시작한 요리는 닭볶음이었다. 냉동 닭을 사다가, 해동 과정도 없이 토막을 내고, 고추장에 볶다가 고기는 안 익고 고추장은 타고. 남편의 행동은 기숙사 공동 부엌을 사용하는 학생들을 식겁하게 했다. 그 후 남편이 나와 함께 살며 어깨너머로 배운 요리는 소고기 무국이었다.

요즘도 내가 서울의 아이들에게 올라와있기라도 하면, 남편은 매끼마다 동네의 국밥집을 번갈아 돌아다닌다. 순대국밥, 콩나물국밥, 감자탕, 추어탕, 황태해장국, 소고기 무국. 남편은 내가 만들어둔 냉장고속 음식을 꺼내어 차려먹지도 않는다. 이유는 차려먹거나 해먹는 시간이 아까워서 라지만, 아마도 설거지를 하기 싫어서일 것이다.

신혼 초에는 내 서툰 요리로 밥을 해먹고 나면, 남편은 설거지를 했다. 그러나 세월이 흐르면서 요리도 설거지도 점차 내 몫이 되어갔다.

'그가 가고나면 설거지는 내 몫이었고, 그렇게 접시들을 더럽혀 설거지 거리를 남기고 가는 그가 은근히 원망스러워졌다. 그래서 나는 그 사람을 사랑하지 않는다는 사실을 깨달았다. 한 남자를 진정으로 사랑한다면, 그런 생각은 하지 않는 법이다. (카롤린 봉그랑, 밑줄 긋는 남자, 열린 책들, 1993년, p.82)'

사실 남편이 설거지를 하지 않는다고 원망스럽지는 않았다. 남편이 어쩌다 설거지를 한다고 나서도, 수돗물과 주방세제를 펑펑 써 대는 게 아까울 뿐이었다. 간혹 내가 없을 때 남편이 하는 설거지는 커피 잔 뿐이었지만 주방세제는 내가 한 달 쓸 양만큼 썼기 때문이다.

몇 년 전부터 나는 남편에게 은퇴 후에 요리를 배우라고 했다. 지금이야 내가 온갖 수발을 다 든다 해도, 혹시라도 내가 오래 아프거나 내가 먼저 죽게 되는 경우를 생각해야 한다고 했다. 나 없이 식탁 앞에 앉아 같은 냄비의 소고기 무국을 이틀연속 먹게 하고 싶지 않았다. 온 동네의 국밥집을 전전하게 하고 싶지 않았다.

조금 전까지 거기 있었는데
어디로 갔나.
밥상은 차려놓고 어디로 갔나.
넙치지지미 맵싸한 냄새가
코를 맵싸하게 하는데
어디로 갔나.
이 사람이 갑자기 왜 말이 없나.

내 목소리는 메아리가 되어
되돌아온다.
내 목소리만 내 귀에 들린다.
이 사람이 어디 가서 잠시 누웠나.
옆구리 담괴가 다시 도졌나, 아니 아니
이번에는 그게 아닌가 보다.
한 뼘 두 뼘 어둠을 적시며 비가 온다.
혹시나 하고 나는 밖을 기웃거린다.
나는 풀이 죽는다.
빗발은 한 치 앞을 못 보게 한다.
왠지 느닷없이 그렇게 퍼붓는다.
지금은 어쩔 수 없다고.

김춘수 시인의 '꽃'을 읽으며, 설레던 시절은 갔다. 생선 반찬이면 무엇이든 "정말 맛있다"를 외치는 남편이라, 나는 가끔 '강우'를 떠올린다. 매일 함께 하던 식탁도 언젠가는 그리움의 대상이 되겠지?

26) 몸이 아파서 토스트 이외엔 요리를 제대로 못해주고 세상을 떠난 엄마와 멋진 요리로 아빠의 마음을 사로잡은 새엄마. 요리사가 된 나이젤 슬레이터의 자서전을 기반으로 만든 2010년 영화.

27. 45년 후

넥타이 아래

2017년 2월 하순, 남편이 2주간의 유럽 출장에 나섰다. 트렁크, 서류 가방, 노트북 가방 세 개에서 짐을 줄이며 남편은 서류가방을 두고 나갔다. 새벽에 아들의 배웅을 받으며 공항버스를 타러나간 남편이 명함을 두고 온 것 같다고 전화를 했다.

두고 나간 서류가방 안을 확인하던 나는 가방 맨 뒤 칸에서 명함대신 넥타이를 발견했다. 남편은 공식 일정에 맞춰 넥타이를 매고 갔다가 곧잘 가방 안에 풀어 넣고 오곤 했다. 무심코 넥타이를 꺼내던 나는 넥타이 아래 잉크 자국이 묻은 구겨진 종이를 보게 되었다. 무슨 물건이든 각을 맞춰 두는 남편의 성격이라 심하게 구겨진 채 방치해둔 것이 의아했다.

넥타이를 꺼내고 가방을 닫았던 나는 다시 가방을 열었다. 그것은 한 여인이 보낸 이메일의 사본이었다. 남편이 늘 쓰는 수성 펜으로 옮겨 적어놓은 이메일 주소를 보는 순간, 나는 그 여인이 누구인지 단번에 알았다.

그 여인은 "멀리 있고, 연락도 없고, 보지를 않아도 항상 마음속 한구석에 자리하고 있는 사람"이라고 남편을 일컫고 있었다. 갑작스럽고 짧았던 만남에 대한 반가움과 아쉬움, 불쑥 남편을 찾아온 자신의 속내, 남편과 함께 했던 시절에 대한 그리움이 적혀 있었다. “황사, 죽음, 삶”뿐만 아니라 남편의 “몸매”도 언급하고 있었다. 나는 여인의 문체와 선택한 낱말들이 몹시 불쾌했다. 그럴만한 관계라도 된다는 듯 “갑작스럽게” 나타난 태도도 불쾌했다. 남편과 “서로의 생각과 마음”에 대해 이야기를 한다는 의미도 이해할 수 없었다. 19년 전 내 예감대로 남편과 여인은 이런 관계였나?

내용상 정황이나 구겨진 사본의 형태로 보아, 남편은 이메일 사본을 꽤 오랜 기간 간직한 듯싶었다. 사본을 만들고 그 위에 이메일 주소를 옮겨 적어둔 걸로 보아, 저장 강박증까지 있는 남편이 메일함에서 원본을 삭제한듯했다. 언제인지 정확히 모르겠지만, 나이 60을 바라보는 남편의 행동치고는 참으로 어처구니가 없었다.

여인은 남편에게 ㅁㅁ에 살고 있는 A와 B의 연락처를 알려준다며 이메일을 보낸 듯싶었다. 그 당시 남편이 ㅁㅁ출장을 앞두고 있었던 것 같았다. 그러나 내가 알기에 그 두 사람의 연락처는 이미 남편 수첩에도 적혀있었고, 10여년이 넘도록 연락하지 않는 사람들이었다. 남편이 간직하려던 것은 두 사람의 연락처가 아니라, 여인의 심경고백이었을까? 남편은 왜 30년 넘게 알고 지내는 그 여인을 매번 나에게 숨기는 걸까?

페어 플레이

결혼 전부터 우리 셋은 서로 아는 사이였다. 그러나 남편은 결혼생활동안 단 한 번도 그 여인에 대한 말을 한 적이 없었다. 그런데 결혼 후 10년이 되는 해에 나는 아주 우연히 그 여인과 남편이 서로 연락하고 있다는 것을 알게 되었다.

1998년 12월 말쯤, 그 여인이 남편에게 전화해오던 순간 나는 남편 옆에 있었다. 연말이라고 남편에게 안부전화를 했다는 것이다. 당시 독일을 방문했던 나는 9년 만에 여인과 예상치 못한 통화를 하게 되었다. 그때 여인은 나에게 존댓말을 해서 나를 당황케 했다. 갑자기 나를 선배부인 대우하는 건가? 여인의 옆에 나의 존재를 알면 안 되는 누군가가 있나? 나는 순간적으로 좀 이상한 느낌이 들었다.

남편은 나와 떨어져 혼자 독일에 유학중이었다. 여인은 남편의 대학 후배일 뿐만 아니라 우리 부부의 옛 직장 동료이자 나와는 입사동기였다. 나는 남편에게 불쾌감을 표시했다. 여인은 그간 입사동기 그 누구와도 연락하고 있지 않았다. 그런 여인이 입사동기의 남편에게 연락을 하고 있었다. 남편은, "유학을 나온 여인이 수소문해 나를 찾았대"라는 말 외에 아무 대꾸도 하지 않았다. 물론 여인이 남편처럼 독일로 유학을 온 것도 아니었다.

비밀과 거짓말

일 년이 지난 2000년 2월 남편이 귀국을 했고, 3월 우리는 이사를 했다. 이사 후 유학 내내 남편의 옛 서울 집에 보관되어있던 대학시절 책들을 옮겨왔다. 나는 그 속에서 빛이 바래 분홍색인지 연보라색인지 알 수 없게 된 종이로 표지가 싸인 서머셋 모음의 단편집 한권을 발견했다. "형의 생일을 축하하며, 85년 8월"이라는 글과 여인의 이름이 검정 볼펜으로 써 있었다. 특정 날짜가 적혀있지 않은 것이 이상했지만, 남편에게 혹시 대학 때 여인과 사귀었냐고 물었다. 내 뒤에서 짐을 정리하던 남편은 "아니"라고 했다. "그럼 이 책은 뭐야?"라는 질문에도, "몰라"라고만 답하며 책은 거들떠보지도 않았다.

남편은 음력 6월 생일이다. 대학시절 음력 생일을 챙겨준 여자후배가 그리 많았을까? 비상한 기억력과 달변의 말솜씨에도 불구하고, 남편은 여인과 관련된 사실을 말할 때는 말수가 적어졌다. 남편은 책을 다 읽고 맨 뒤에 날짜를 적어두는 습관이 있었다. 날짜는커녕 책을 펼친 흔적도 없는 것을 보며, 나는 여인이 한때 남편을 짝사랑했었나하는 생각을 했다.

캠퍼스를 거닐며

이사를 한 그 해, 남편은 천리안 계정과 핸드폰을 갖게 되었다. 그 해 봄이나 가을쯤이었는지 기억은 확실치 않다. 어느 토요일, 남편 핸드폰으로 여인에게 또 전화가 왔다. 계속 연락해오던 사이처럼 익숙한 대화로 여인은 남편에게 일요일 점심을 하자고 했다. 어떻게 다시 한국에서 연락이 닿았느냐는 나의 질문에 남편은 답하지 않았다. 내가 바로 옆에서 "이젠 내 안부조차 전하지 않냐?"고 물었지만, 독일에서 먼저 통화하라고 수화기를 건네주던 것과 달리 남편은 침묵으로 일관했다. 직장동료였던 여인과 내가 안부를 주고받기 싫다고 해도 이상하게 여겨야할 남편이 오히려 꺼리는 듯 했다.

세월이 흘러 처지나 신분이 바뀌면 서로 보는 것을 불편해 하는 사이도 있다. 하지만 남편과 연락을 주고받으며 형식적인 내 안부조차 묻지 않는 옛 동료 역시 예외적이라는 생각이 들었다. 나는 여인과 안부를 물으며 친하게 지내고 싶지는 않았다. 다만 남편이 내밀함에 빠져 세 사람의 관계를 망치지 않기를 바랐다. 여인에 관한 이야기를 할 때마다 남편의 말과 태도에는 왠지 모르게 솔직함과 자연스러움이 묻어나지 않았기 때문이었다.

다음날 여인을 만나고 돌아온 남편에게 뭐했느냐고 물었다. 남편은 눈도 마주치지 않은 채, "점심 먹고 ㅁㅁ대 산보 했어"라는 말을 남기며 방을 나갔다. 남편의 책상위에는 그날 받은 여인의 얇고 푸른 명함이 놓여 있었다.

나는 꿈을 꾸는 것일까?

그 후 나는 여인에 대한 어떤 소식도 들어본 적이 없었다. 직접적인 언급은 하지 않았지만, 남편이 세 차례에 걸친 내 말의 의미를 당연히 알아들었으리라 생각했다. 그리고 각자의 일을 찾고 서로 연락이 끊긴 줄 알았다. 그러나 직장은 오히려 내 눈을 피하며 만날 수 있는 곳이 되었고, 남편은 나 몰래 17년간이나 여인과 연락을 이어오고 있었다.

우연히 듣게 된 두 번의 전화통화 때만 해도 나는 여인의 일방적인 탓으로 생각했다. 그러나 남편이 숨겨둔 이메일 사본을 보는 순간, 남편도 내 의심에서 자유롭지 못할 거라는 예감이 들었다.

1998년 두 사람 간의 연락이 의외이긴 했지만, 나는 서로의 감정을 증명해낼 방법이 없었다. 그 후에도 태연히 내 앞에서 여인을 만나러 나가는 남편을 보며, 직장생활을 하다가 유학을 하고 다시 자리를 잡으려는 선후배간의 정보차원일 거라고 생각했다. 남편 역시 늦은 나이의 유학으로 그 당시 지푸라기라도 잡으려는 심정이었기 때문이었다. 물론 내가 아는 한 12~3년만의 만남일터인데, 단둘이 만나며 나에게 한 마디 설명이 없는 남편이 의아했다. 그러나 사귄 사실이 없다고까지 말했기에, 나는 남편을 믿었었다.

서류 가방 속 그 이메일을 받은 지는 수년이 지난 듯싶었다. 그러나 여인은 "언제 또 뵐지 모르겠지만"이라고 쓰고 있었다. 나는 또 나타날지 모르는 여인을 이제는 차단해야겠다고 생각했다. 며칠 고민 끝에 나는 여인에게 이메일을 보냈다.

예상대로 여인은 "이메일 내용도 그런 일이 있었는지도" 생각나지 않는다는 짤막한 답을 보내왔다. 19년만의 나의 연락이자 오랜 기간 남편과 연락하며 지낸 여인의 답변치고는 무례하다는 생각이 들었다. 나는 영화 속 한 장면을 생각했다. 여인의 이메일을 수 백 장 복사한 후, 사무실을 찾아가 뿌리고 머리채를 잡아볼까?

이틀 후 여인은 두 번째 이메일을 보내왔다. 학위 논문까지 쓴 여인이 자신의 표현력이 아니라 내 이해력을 문제 삼고 있었다. 자신에 대한 "오해"를 바로잡아야겠다며, 자신은 남편에게 "그런 감정"을 갖고 있지 않다고 했다. 조목조목 내 이메일에 답하는 형식을 취했지만, 정작 남편의 연구실에 다녀갔고, 그 다음날 보낸 이메일에 대한 이야기는 하지 않았다. 10년도 더 전에 자신의 논문 때문에 의논을 했지만, "거의 도움은 되지 않았다"고 했다. 논문을 의논했다는 사실은 여인을 통해 처음 듣는 이야기였다. 그러나 이제 와서 나에게 내뱉는 "거의 도움은 되지 않았다"는 표현이 남편에 대한 마지막 일격처럼 느껴졌다. 유학지도 다르고 전공도 다른 논문을 왜 남편과 의논하려 했을까?

너무 긴 변명

3월 초 출장에서 돌아온 남편은, "그게 왜 거기 있었지?"하며 우연히 또 들킨 것을 탓하는듯했다. 그리고 자신이 해야 할 해명보다, 내 메일에 대한 여인의 답장을 더 궁금해 하는 것 같았다. 기억나지 않는다는 여인의 답변 내용이 당연하다는 뜻인지 다행이라는 뜻인지, 남편은 "그렇겠지"라고 말했다. 남편 역시 "언젠가 찾아왔던 것 같고, 메일 잘 받았다고 답장을 했을 거"라며 기억나지 않는 듯 말했다. 나는 그런 메일을 받고 남편이 뭐라고 답장을 썼는지 정말 궁금했다.

남편은 전주로 찾아온 여인을 어쩌다 한번 만난 것처럼 말했다. 그러나 이메일 사본에는 여인이 남편의 예전 서울 직장에도 다녀간 사실이 적혀 있었다. 남편에게 그 사실을 묻자, 남편은 당황한 듯 얼굴을 붉히며 아무 말도 하지 않았다. 나는 남편이 의도적으로 여인과의 만남을 숨겨왔다는 것을 알 수 있었다.

오래 전 두 차례 전화통화를 들켰을 때처럼, 남편은 이번에도 대충 얼버무리며 넘어가려는 듯 했다. 나도 이미 알고 있는 여자라는 점이 오히려 나를 속이며 이성을 만났다는 생각을 덜게 하는 듯싶었다. 그러나 이번에 내 생각은 달랐다. 내가 오래전 불쾌감을 표시한 여인과 계속 만났고, 무엇보다 사적감정이 들어 있는 이메일을 받았으며, 그런 사실들을 남편이 결혼 기간 내내 숨겨왔기 때문이었다.

나는 남편에게도 이메일을 보냈다. 그 해 상반기 내내 나는 백내장 수술과 연이은 진료로 서울에 머물렀기 때문이었다. 나는 당연히 남편이 나의 의구심을 풀어줄 거라 생각했다. 어쩌다 한 번도 아니고 20년 가까이 여인과의 연락을 매번 숨겨온 이유에 대해 해명이나 미안함 정도는 표현하리라 생각했다. 그러나 남편은 답장하지 않았다.

4월쯤 나는 남편의 핸드폰을 확인했다. 여인의 전화번호는 없었지만, 카카오 톡에는 저장되어있었다. 나는 메시지를 차단하고, 프로필 사진은 남겨두었다.

5월 하순, 나의 여섯 번째 이메일에 대해서 남편은 "나를 좋게 봐준 후배"중 한 사람으로, "아무런 감정"도 갖고 있지 않으며, 나에 대한 "신의를 저버린 적이 없다"는 답을 보내왔다.

남편이 신의를 언급하는 것은 육체적인 관계를 의미하는 것 같았다. 나는 아무런 감정도 갖지 않은 후배에게 왜 그런 내용의 이메일을 받아 숨기고 다녔는지 물었다. 나는 남편이 여인과 같은 마음이 아니라면, 또는 같은 마음이라 할지라도 유부남으로서 올바른 처신을 했어야 한다고 생각했다. 이메일에 대한 대처는커녕 나와도 직장 동료 사이였던 여인과의 연락을 지금까지 숨겨온 의도를 알고 싶었다. 그러나 남편은 내 의문에 답하지 않았다.

남편은 내가 너무 추궁을 해대니 "이제는 아예 연락을 끊고 살아야겠다"

고 했다. 그리고 "언제 또 볼 날이 있을지 모르는 사람"이라며 카카오 톡을 차단한 나를 오히려 비난했다. 나는 남편이 여인과 똑같은 표현을 쓰는 것이 놀라웠다. 서로가 가끔씩 몰래 만나는 것을 당연시 해온 사이 같았다.

여인이 표현한 "선배가 제안한 성격의 만남"이 무엇인지 모르겠지만, 앞으로는 여인과 연락하지 말라고 2월말 나는 남편에게 말했다. "우연히 만나도 모른척하라"는 내 말을 여인이 따르겠다고 한 말도 남편에게 전했다. 그럼에도 남편은 기약 없는 만남이 또 있으리라 생각하는 듯 했다. 더군다나 남편은 나에게 "지혜로운 사람"이라며 "자신감"을 가지라고 했다. 자신의 잘못을 나의 열등감이나 피해의식으로 돌리려는 남편을 나는 이해할 수 없었다.

6월 초, 서울에 업무 차 올라왔던 남편과 전주행 기차를 타러 용산 역으로 갈 때였다. 남편은 슬며시 웃으며, "ㅁㅁㅁ처럼 혼외자를 낳아온 것도 아닌데 왜 그래?"라고 했다. 나는 남편의 얼굴을 후려쳐 주고 싶었다. 간통도 아닌 그 정도의 만남은 문제될게 없다는 건가? 우리 셋이 직장 동료 사이였다는 것을 아는 남편의 입에서 어떻게 그런 말을 할 수 있는지 나는 놀랍기만 했다. 남편은 "그런 이메일을 보내지 말라고 해야 하냐"고도 물었다. 남녀 동창사이의 단체 카톡에도, 남녀 동료사이의 늦은 밤 전화통화에도 의심의 눈초리를 보내는 남편이었다. 그러나 정작 본인의 행동에 대해서는 모순된 말을 하고 있었다.

내가 보낸 일곱 통의 이메일을 더 받은 후 남편은, "같이 점심을 먹었고, 이메일에는 답장하지 않았다"고 말했다. 오는 사람 막지 않고 아무리 미워하는 사람도 자신을 찾아오면 밥을 산다는, 평소 인간관계에 대한 소신대로 했을 뿐이라고 했다.

남편은 자신이 전주로 직장을 옮긴다는 소식을 여인에게 알리지 않았다고 했다. 그 동안 서로 연락을 주고받으며 지냈다는 나의 의심에, 자신의 신상은 인터넷 어디서도 찾을 수 있다며 화를 냈다. "멀리"있는 남편의 "새로운 삶"이 궁금했다는 여인의 표현이, 이번에도 남편을 "수소문"해 찾았다는 말이었을까?

남편은 여인의 직장조차 모른다고 했다. 내가 확인 차 다시 물었지만, 정말 모른다며 강력히 부인했다. 나는 남편이 거짓말을 한다는 것을 알 수 있었다. 이메일 내용상 남편은 그 날 여인이 전주에 온 업무상 목적을 알고 있었다. 그리고 남편은 누구든 직위나 학위로 사람을 호칭한다. 만약 여인의 이름을 불렀다면 정말 내밀한 관계라고 할 것이다. 그리고 남편이 옮겨 적어둔 여인의 이메일 주소도 직장 도메인이었다.

남편은 여인과 이메일을 주고받는 사이도 아니라고 했다. 그러나 남편이 지금까지 적어둔 여인의 이메일 주소는 내가 아는 것만도 벌써 네 번째였다. 여인에게 변화가 생길 때마다 적어도 연락을 받았다는 증거였다.

"당신이 한 말 중에 난 절반만 믿어"라고 내가 말했을 때, 남편은 입가에 살짝 웃음을 띠었다.

며칠 뒤, 남편은 충주에 강연을 가게 되었다. 남녀관계를 조심하고 있다는 걸 보여주기 위함이었는지, 자신의 차량에 여성 참석자를 태우고 가지 않겠다고 했다. 하지만 6월 말쯤, 부부동반 점심 식사 후 헤어지는 후배 부인의 어깨를 감싸 안고 다독이며 작별인사를 했다. 남편의 해명은 그게 "독일식"인사라는 거였다. 한국 땅에서 한국여자와 독일식 인사는 왜 하는 걸까? 볼뽀뽀까지 하지 않은 걸 다행으로 여겨야 하는 걸까? 몇 번 만나지도 않은 후배부인에게 과한 친밀감을 보여야하는 이유는 뭘까? 학위만 있다면 그 누구든 동질감을 표현하려드는 남편의 엘리트 의식일까? 나는 남편의 인간관계와 남녀관계에 있어서 그 경계가 어디인지 무척 의심스러웠다.

그 후 8월 어느 날, 남편이 과거 ㅁㅁ에 출장 갔던 이야기를 꺼냈다. 그때 나는 불쑥 "그럼 그때쯤 여인이 연구실을 다녀갔겠네?"하고 물었다. 남편은 이번에도 당황하며 얼굴이 붉어졌다. 나는 남편이 여인과의 만남을 정확히 기억하고 있으나, 숨기고 있다는 것을 알았다.

9월 초, 결혼 29주년 기념 여행을 떠나기로 한 날 아침, 나는 남편의 연구실 서랍 안에서 여인이 보낸 두 개의 우편물을 발견했다. 어디서 근무하는지 조차 모른다더니, 여인이 직장에서 보낸 등기우편 봉투를 보관하고 있었다. 봉투에는 2010년 4월 ㅁㅁ일자 우체국 소인과 붉은 글씨의 "익일 오전특급" 스티커가 붙어 있었다. 어느 해 보낸 연하장도 남편은 보관하고 있었다. 남편은 우편물을 대부분 집으로 가져와서 정리 한다. 특히 연말에 받은 연하장은 모두 집으로 가져와서 집안곳곳에 세워두어 장식한다. 서랍 안에는 그 한 장의 연하장이 남아있었다.

9월 말, 나는 서랍 속 우편물에 대해 남편에게 열네 번째 이메일을 썼다. 그러나 남편은 이번에도 답장하지 않았다. 며칠 후 나는 남편과 대화를 시도했지만, 내 말이 벽에 부딪히는 느낌이 들었다. 그간의 일을 이제 내가 대부분 알게 되었다 것을 근거로, "17년 동안 내가 뭘 숨겼느냐"고 반박까지 했다. "그동안 내 일에 대해 너무 많은 이야기를 해준 것 같다. 내가 무엇을 하고 다니는지 앞으로는 얘기 하지 않겠다. 내가 당신한테 안한 얘기가 그것뿐이었겠느냐"는 것이 남편의 결론이었다. 그러나 나는 남편이 누군가를 만난 사실뿐 아니라 대화 내용 자체를 의도적으로 숨겨온 사람은 여인 한 명뿐이었다고 장담할 수 있었다.

남편은 누군가를 만나고 오면 그 사람은 어느 고등학교, 어느 대학을 나와서, 어디에서 유학했으며, 전공은 뭐고, 배우자는 어떤 사람이며, 자녀들은 몇 명인데 어느 대학을 다니고, 어디에 살고 있으며, 오늘은 왜 만나자고 했고, 어디서 무얼 먹었으며……등등 시시콜콜 얘기하는 사람이다. 남편은 만나기로 약속한 사람들에 대해서도 묻지 않아도 늘 이야기한다. 결혼 후 나는 내가 만나 본적도 없는 남편의 동료, 친구, 선후배, 직업상 만나는 거의 모든 사람들에 대한 이야기를 들었다. 남편은 문자 메시지, 카톡 뿐 아니라 이메일도 출력해서 보여주던 사람이었다. 남편은 자신 주변의 남자 뿐 아니라 여자동창, 여자후배, 여자동료, 여자제자, 미팅 때 만났던 여대생, 자신을 짝사랑했다는 하숙집 조카딸, 고교시절 만났던 독서클럽 여학생에 대해서도 스스럼없이 얘기하던 사람이었다. 그러나 남편은 30년 넘게 연락하는 그 여인에 대해서는 평생 단 한 번도 언급한 적이 없었다.

남편은 귀국 후 다시 만나게 된 자신의 대학 동문 그리고 옛 직장동료들의 소식도 늘 나에게 전해 주었다. 그러나 남편은 나에게뿐만 아니라 그들에게도 자신과 여인이 서로 연락하고 있다는 사실을 말하지 않았다.

남편은 친밀도에 관계없이 인간관계에서 주도적인 편이다. 먼저 식사를 하자고 하거나, 자신의 직장에 들르라고 초청하거나, 먼저 안부 전화를 하거나, 누군가의 근무지나 거주지를 알게 되면 일부러 찾아가 보는 성격이다. 그런데 유독 여인과의 관계에서는 “전화한 적 없다, 직장도 모른다, 메일도 하지 않는다, 카톡도 하지 않았다”고 말한다.

남편은 업무상 모임이 아니면 약속 당사자뿐 아니라 주변 지인을 불러 모으는 편이다. 대부분 사교모임은 무리지어 만난다. 그러나 남편은 아주 오랜만의 만남임에도 매번 여인과 단둘이 만나고 있었다.

여인의 “연락도 없고”라는 표현은 남편이 두 사람의 관계에서 적극적이지 않았다는 뜻일 수 있을 것이다. “수소문해” 남편을 찾거나, 안부전화를 하거나, 논문을 핑계로 만나자고 하거나, “갑작스럽게 방문”하거나, 답례로 식사를 하자고 하거나, 우편물을 보내는 것처럼 여인이 일방적으로 접근하는 경우일 것이다. 그래서 나는 전주까지 찾아와 남편의 "새로운 삶이 궁금했었는데 확인"했다는 여인의 표현이, 오랜 세월에 걸친 여인의 집착처럼 느껴지기도 했다.

그러나 남편은 타인의 감정을 읽어내는데 탁월한 사람이다. 남편이 "나를 좋게 봐 준 후배"라고 완곡히 표현했지만, 두 사람 사이의 대화내용을 숨기는 걸 보면, 남편은 오래전부터 여인의 태도나 말투에서 여인의 감정을 읽었을 것이다. 이메일 내용의 의미가 여인의 감정 고백 아니냐는 내 말에, 남편은 "그런가보지 뭐"라며 환한 미소까지 지었었다.

그렇다면 남편은 왜 여인의 그런 마음을 알면서도, 관계를 바로 잡거나 연락을 회피하려 하지 않았을까? 내 안부만 전했어도 여인의 마음을 차단할 수 있었을 텐데 왜 하지 않은 걸까? "선배가 제안한 성격의 만남"이라는 표현처럼, 남편은 여인과 계속 나 몰래 연락할 생각이었을까?

나는 남편이 독일에서 여인과 어느 정도의 연락을 해왔는지 궁금했다. 업무적으로나 학문적으로도 직접 관련 없는 여인과 왜 몰래 연락을 지속하는지 의아했다. 2000년 남편이 독일에서 귀국하며 가져온 우편물 속에서, 나는 여인의 명함을 발견했다.

1987년 봄 내가 회사를 옮긴 후, 남편도 직장을 그만두었다. 그리고 1988년 가을 우리는 결혼했다. 그 사이 여인도 직장을 옮긴 것으로 나는 알고 있었다. 그런데 남편은 그 회사의 명함을 갖고 있었다. 그러나 '대리'직함으로 보아 남편이 결혼 전 받은 것은 아닌 듯싶었다. 직장을 그만 둔 여인이 유학을 온 이후에 연락을 해오기 시작했다고 했는데, 도대체 언제, 어떻게 그 명함을 받았던 걸까?

나는 평생 내가 믿어온 남편과 여인과 관계된 남편의 행동이 너무 판이하게 달라서 혼란스러웠다. 남편은 늘 합리적인 판단력과 도덕성을 갖춘 사람처럼 말해왔다. 그래서 남편의 주장처럼 내가 정말 잘못 생각하고 있는지 헷갈릴 정도였다. 내가 판단하기에 남편의 행동은, 여자와의 관계를 무조건 발뺌하는 모습으로 보였기 때문이었다.

그렇게 10월 중순이 되었다. 나는 남편의 행동에 대해 전문가와 상담이라도 해야겠다고 결심했다. 그날 나를 위로 하기위해 사온 빨간 장미를 보고 미소 짓던 남편이 말을 걸어왔다. 그러나 줄곧 내가 의문을 제기했던 남편의 행동에 대한 해명은 궁색하기만 했다. 남편은 여인의 전화, 직장방문, 식사, 이메일, 우편물 그 모두를 어쩌다 스쳐 지나간 아무 의미 없는 일인 듯 말했다. 나는 남편이 여인과의 관계를 의도적으로 숨기며 변명하고 있다는 확신이 더욱 들었다.

마침내 남편은 "그러는 당신은 나한테 잘못한 거 없는 줄 아느냐"며 반격했다. "잘못"이란 말을 꺼냈지만 자신의 잘못을 인정하려는 의미로 들리지는 않았다. 남편은 자신이 혼자 독일에 남아 있을 때 그리고 전주에 내려와 자신이 혼자 자리 잡을 때, 내가 보인 행동이 서운했었다는 말을 꺼냈다. 남편은 늘 자신이 혼자 있던 시절을 "아이들을 볼모로 잡고 나를 외롭게 만든 시절"이라고 했다. 자식들을 볼모로 표현하는 것도 어이가 없었지만, 외로움이 늘 자신만의 몫이었던 양 말하는 것도 이해하기 힘들었다. 내가 볼모를 잡고 있었지만, 남편이야말로 자신의 일을 핑계로 누구든 만나고 어디든 가지 않았던가?

우리 부부가 가장 힘들었던 1990년대 후반 시절, 한국에서 나도 아이들과 정말 힘들었다. 시댁의 전화에 나는 불안 증세에 시달렸다. 울리는 전화벨소리에 심장이 터질 것 같았다. 시댁 식구들은 나를 유학중인 남편을 팽개치고, 한국으로 나와 생활비와 살 집을 요구하는 여자로 생각했다. 병든 시어머니를 모시고 사는 친정엄마에게 두 아이를 맡기고 나는 일자리를 찾아야 했다.

2007년 말 남편이 전주로 이직하게 되었을 때, 고등학생이 되는 딸과 함께 전주로 거처를 옮기자는 나의 의견에 남편은 반대했다. 서울에 할 일이 있으니 자신도 일주일에 몇 번은 오르내릴 것이며, 커가는 아이들을 서울로 보내려는 마당에 왜 지방으로 내려 오냐는 것이었다. 그러면서도 남편은 비좁은 원룸을 얻기도 싫어했고, 군산시댁에서 통근하기도 거부했다. 남편이 기숙사에 머무는 동안 나도 고등학생인 두 아이를 돌보며 문화센터 강사를 하고 있었다. 늘 혼자 헤쳐 나가는 남편이 잘하리라 믿었을 뿐이지 의도적인 행동이 아니었음을 사과하자, 남편은 “나도 사과 할게”라고 딱 한마디 했다.

나는 왜 우리 부부 사이의 문제와 여인과 남편의 문제가 동일선상에 놓여야하는지 의아했다. 그 말을 꺼낸 남편의 의도가, 나에게 서운했던 시절에 여인이 위로가 됐었다는 의미로 받아들여야 하는 건지 고민스러웠다. 그래서 남편이 구체적으로 무엇에 대해 사과하는지 나는 더 혼란스러웠다. 여인에 대해 가졌던 자신의 감정을 사과하는 건지, 나 몰래 연락을 주고 받아온 자신의 행동을 사과하는 건지, 일관된 주장처럼 감정도 숨기려던 의도도 없었지만 나에게 상처를 주게 된 것을 사과하는 건지.

결국 내가 8개월에 걸친 남편과의 대화에서 알아낸 사실이라고는, 여인이 전주로 찾아온 날 “함께 점심을 먹었다”는 것 뿐 이었다. 습관처럼 어디서 무얼 먹었는지 말하는 남편도 여인과는 매번 “점심”이라 표현하였다.

11월 중순이 되어서야 남편 카카오 톡 속 차단친구 목록에서 여인이 사라졌다. 남편 프로필 사진이 봄에서 여름으로 다시 가을 사진으로 바뀐 직후였다.

회색 지대

처음 이메일 사본 이야기를 꺼낼 때 만 해도, 나는 남편이 결혼생활 내내 여인에 대해 왜 한 번도 이야기하지 못했는지 솔직히 해명할 줄 알았다. 그리고 내가 오래전부터 불쾌해 하니, 앞으로 연락하지 않겠다고 흔쾌히 말할 줄 알았다. 우리 부부의 옛 동료라는 인연도 있으니, 적어도 연락을 공유하겠다고 할 줄 알았다. 그런 이메일을 받아 숨긴 행동에 대해, 당연히 사과 할 줄 알았다. 지금까지 내가 알아온 남편이라면, 아무 감정 없는 관계라면, 19년 전부터 의심해온 나를 존중했다면 남편은 분명 그렇게 했을 것이다.

그렇게 간단히 결론이 날거라 생각했는데, 남편의 반응은 예상 밖이었다. 19년 전 독일에서 통화하는 장면을 목격하며 예감했던 그대로였다. 여인과 내가 동료였다는 사실 조차, 그간 남편의 안중에 없었다는 걸 알았다.

2000년 대학 앞에서 두 사람이 만난 후, 서로 연락하며 지내리라 17년간 상상조차 해보지 않았던 나는, 8개월 내내 강하게 변명하는 남편의 태도에 두 사람의 관계가 단순치 않다는 의심이 들었다. 여인이 보낸 이메일 한 통에도 "마음"이란 말이 세 차례나 쓰여 있었다. 그래서 나는 난생처음 남편의 핸드폰이며 서랍 속을 뒤져보지 않을 수 없었다. 예측대로 여인의 흔적은 계속 나타났고, "당신이 알고 있는 게 전부"라던 남편의 말은 점차 거짓임이 드러났다. 그럼에도 남편은 내가 품는 의문을 "혼자 어처구니없는 생각"이라며, 오히려 나보고 의사의 상담을 받아보라고 했다. 내 이메일에 답장하지 않는 이유가 "할 말이 없기 때문"이라는 남편의 표현이, 나에게는 여인과의 관계를 끝까지 숨기려는 태도로 보였다.

12월이 되어도 나는 여전히 남편의 말과 행동에 대한 의구심이 풀리지 않았다. 남편은 사과한 사람답지 않게 여인의 이름만 나오면 굳은 표정으로 화부터 냈다. 화를 내야하는 사람이 내가 아닌 남편이라는 것이 어이가 없었다. 남편은 미안한 표정은커녕 태도 역시 당당했다. 그러나 나는 남편에 대한 배신감과 분노 그리고 그 상대 여자가 나의 옛 동료였다는 사실에 모멸감이 들었다. 나도 뻔히 아는 여인과 몰래 연락해온 남편의 태도가 우리의 결혼생활에 대해 가졌던 가벼운 태도라는 생각 때문이었다. 여인과의 만남의 깊이나 빈도가 아니라 몰래 만나면 된다는 남편의 태도가 나에게는 놀라울 뿐이었다. 여인의 이메일 내용보다, 그 이메일을 몇 년간 가방 안에 숨겨온 남편의 태도가 나에게는 더 충격이었다. 부부가 육체만 가까워질 뿐이지 "생각과 마음"은 영원히 가까워질 수 없다는 생각도 들었다.

19년 전 독일의 남편에게 전화하던 여인을 한때 직장동료이자 남편의 후배라는 이유로 넘어간 일이, 오랜 세월 후 이렇게 문제를 야기 할 줄은 나는 전혀 예상치 못했다. 세 번에 걸친 나의 의사전달에도 불구하고, 지금까지 여인과 몰래 연락해온 남편의 행동이 나는 현실 같지 않았다. 남 일에는 그렇게 도덕적인 척 말하더니, 결국 그 오랜 세월 몰래 숨어 여자를 만나온 속물이었다니. 남편의 변명에도 불구하고 나는 두 사람이 학연, 학위, 직위를 내세운 기혼남녀 간의 사적인 연락으로 밖에 보이지 않았다.

나는 남편의 말대로 의사를 찾아갔다. 나를 위해서가 아니라 끝까지 위선적인 남편을 위해서였다. 의사는 남편의 행동이 "친밀감을 넘어선 연애감정"이라고 했다. 그래서 나에게 여인과의 모든 걸 감추고 싶은 거라고 했다.

남편에게 의사의 소견을 전했지만, 남편은 나를 병원으로 내몰 때와는 달리, 의사를 만나고온 나에게 관심조차 없었다. 말을 꺼내면 미소만 지을 뿐이었다. 자신이 배우자로서 잘못된 행동을 해왔다기보다, 내가 하는 행동들이 여인과의 관계를 질투하는 것으로 생각하는 것 같았다. "당신 나 정말 좋아하는 구나?"라며 내 의문에 대답대신 함박웃음을 짓기도 했다.

12월 중순, 유부남, 아버지, 교수라는 본분을 잊은 남편의 태도에 나는 마지막이라는 생각으로 단식을 시작했다. 그리고 단식 이틀째 저녁, 남편이 여인과의 관계를 숨겨왔다고 10개월 만에 실토했다.

그러나 남편은 자신의 잘못을 인정해서 실토한 것이 아니었다. "별일도 아닌데 왜 저렇게 괴로워할까 생각했는데, 당신의 입장에서 생각해 보면 그럴 수도 있겠다"는 것이 이유였다. 30여년 가까이 숨겨온 이유를 그렇게 표현하는 남편이 나는 참 가소로웠다.

"마음"을 표현하는 유부녀를 배우자 몰래 유부남이 만나는 행동이 왜 남편에게는 "별일"이 아니었을까? 나의 옛 동료와 몰래 연락을 주고받으면서, 어떻게 내 입장은 생각하지 않은 걸까? 여인이 나의 존재를 무시하며 연락해 온다 해도, 내 남편은 그렇게 행동하지 말았어야 하는 거 아닌가? "내일모레 환갑인 나를 그만 좀 편안하게 놔두구려"라는 말은, 내가 아닌 여인에게 가르쳤어야 하는 말이 아니었을까?

남편의 당당함은 독일이든, 서울이든, 전주든, 제 손으로 연락하고 제 발로 찾아오는 여인의 태도에 있는 것 같았다. 강한 부정과 함께 실실 웃던 남편의 표정도 그런 의미였던 것 같았다. 여인이 우편물을 보내면 받았고, 찾아오면 만났다는 식이었다. 그래서 남편의 반성은 엉뚱하게도 "이메일 사본을 만들어 두는 행동은 하지 말았어야 하는데"였다.

여인의 이메일 속 표현처럼, 남편은 "제 기억 속에 있는 1980년대 초중반에 가까이 있었던 한 사람"이었다. 남편은 대학시절 누구나 갖는 한때의 감정일 뿐, 여인을 만나도 "아무 느낌이 없다"고 말했다. 그래서 대학 후배일 뿐인 여인의 연락을 피할 이유가 없는 것처럼 말했다. 그러나 나도 알고 있는 여인과 왜 몰래 연락하며 지냈느냐고 물으면, 내게 말하기 꺼려지는 그 무엇, 즉 자신의 감정 속 "회색 지대(grey zone)"라고 말했다.

"회색지대"가 무엇일까? 완벽한 남편으로 보이고 싶은 마음에, 나도 아는 여인과의 과거를 들키고 싶지 않았다? 만약 그랬다면, 남편은 독일로 전화해 오는 여인을 단호히 거부했어야 했다.

나는 남편의 회색지대가 과거가 아닌 현재임을 알 수 있었다. 남편은 여전히 자신을 잊지 못하고 여인이 연락해온다는 것을 알고 있었다. 그런 여인을 남편은 굳이 거절할 이유가 없었을 것이다. 여인의 연락에 남자로서 우월감과 희열을 느끼며, 좋은 선배인 척 했을 것이다. 나를 속인 건 여인과 그런 관계를 유지하고 싶었기 때문일 것이다. 따라서 남편의 속셈을 간파한 여인이 그런 이메일을 보내도 남편은 거부하지 못했을 것이다. "혼외자"를 운운하던 것처럼, 간통도 아닌 찰나의 설레임 정도는 부부관계에서 일탈도 아니라는 것이 본심이었을지도 모른다. 10개월간의 강한 변명은 여인의 연락에 동조해온 자신의 본심을 들키고 싶지 않았기 때문일 것이다.

"무슨 관계인지 대충 감 잡았으면, 그냥 모른 척 넘어가 주지." 남편은 그런 생각으로 처음에 둘러대기 시작했다고 말했다. 남편의 입에서 그런 말이 나왔을 때, 나는 참담한 기분이었다.

남녀관계에서 능동적인 유부녀들을 보면, "들이 댄다"는 속된 표현을 쓰며 혐오하던 남편이었다. 미혼인 아들이 고교시절 여자동창을 만나러 간다는 말에도, "주의시키라"고 당부하는 남편이었다. 그런 남편이 여인이 5년 후에 또 찾아온다면, 그때도 몰래 만났을 거라고 했다. 10년 후에도 역시 그랬을 거라고 했다.

10개월간 내 앞에서 발뺌하는 남편을 지켜보며, 나는 내가 알던 남편이 저렇게나 뻔뻔한 사람이었나 하는 생각이 들었다. 대중 앞에서, 제자들 앞에서, 자식들 앞에서 자신의 지식과 도덕성을 이야기하던 남편은 어떤 사람이었을까? 흐릿한 자신의 양심을 "회색지대"라고 포장하는 사람이었을까?

나는 남편에게 언젠가 옛 동료들 모임에 나가서 두 사람에 대한 이야기를 해도 좋겠냐고 물었다. 남편은 자신의 결백함을 증명이라도 하듯, "당신 결정대로 해"라고 말했다. 그러나 남편 얼굴에 스치는 당혹감은 숨겨지지 않았다. 남편은 내가 평생 옛 직장동료들을 다시 만나지 않으리라 생각했던 걸까?

남편의 실토는 내가 말한 사실을 그대로 인정한 것이 전부였다. 남편은 단 한마디도 새로운 사실을 덧붙이지 않았다. 그리고 언제인지 명확히 말하지 않는 여인의 그 이메일이 마지막 연락인 척 했다. 정말 내가 알고 있는 여인의 일방적 연락이외에 남편의 행동에는 오해할 만한 소지가 없었을까? 나의 마지막 몇 가지 질문에서, 나는 여전히 얼굴을 붉히며 답하는 남편을 볼 수 있었다.

남편의 붉어진 얼굴과 남편 서랍속 등기우편이 2010년이라는 점 그리고 여인이 최근까지 카카오 톡에 저장되어있었다는 점에서, 나는 남편이 끝까지 모든 사실을 솔직히 말하지 않고 있다는 느낌이 들었다.

남편의 수첩

나는 남편이 귀국한 2000년부터 사용한 수첩들을 모두 찾아보았다. 그 수첩에는 새로운 사실들이 적혀 있었다.

2004년 2월 남편의 수첩에는 어디서 근무하는지 조차 모른다던 여인의 첫 직장위치와 연락처가 자세히 적혀있었다.

전주를 다녀간 다음해인, 2010년 5월 중순 남편의 수첩에는 한때 여인의 동료였던 남자의 연락처가 자세히 적혀 있었다. 그리고 5월 ㅁㅁ일 월요일 수첩 칸에는 "19:00"라는 약속 시간과 함께 여인의 이름이 영어로 적혀 있었다. 이틀 전에, 남편은 나와 함께 '피가로의 결혼'을 보기로 한 약속도 적어 두었다. 그러나 남편은 그 날 나에게 여인과 약속이 있다는 사실을 말하지 않았다. 한 해전 여인이 보냈던 이메일 사본을 여전히 가방 안에 넣고, 남편은 또 여인을 나 몰래 만났던 것이다.

2011년 5월 ㅁㅁ일 남편은 미국 메릴랜드의 한 주소를 수첩에 적어 두었다. 그때는 내가 전주로 옮겨와 남편과 함께 지낸지 한 달이 될 무렵이었다. 남편은 그 주소를 그 해 하반기 수첩에도 다음해의 상반기 수첩에도 다시 옮겨 적었다. 그러나 세 번 다 거주자의 이름을 적어두지 않았다. 정성스럽게 세 번이나 적어 두고도, 남편은 누구의 주소인지 생각나지 않는다고 했다. 다섯 번이나 내가 물었지만, 얼굴이 하얗게 질린 채 끝내 답하지 않았다.

첫 단추는 누가 잘못 끼웠을까?

1998년 독일에서부터 남편은 ㅁㅁ에 사는 A와 B를 통해 "수소문"한 여인이 연락해오기 시작했다고 주장했다. 그러나 나는 항상 그 말이 조금 의아했다.

물론 A는 1991년부터 몇 년에 한 번씩 남편에게 편지를 했었고, 당시 ㅁㅁ에 살고 있었다. 그러나 남편이 수첩에 적어둔 B의 처음 연락처는 ㅁㅁ이 아니었다. 그래서 나는 남편의 말처럼 여인이 "수소문" 한 것이 아닐지도 모른다는 의심이 항상 들었다. 그리고 독일 우편물속에 들어있던 여인의 명함 역시 의아했다.

그래서 나는 남편이 결혼 초부터 귀국 전 까지 사용했던 아주 오래된 수첩들을 찾아보았다.

결혼하던 해인 1988년 남편의 수첩에도 여인의 연락처가 적혀있었다. 우리 부부와 함께 일하던 직장에서 옮겨갔던 여인의 직장 연락처였다. 결혼 전까지 남편은 여인과 연락을 하며 지낸 듯싶었다. 나는 1989년 여인과의 마지막 만남에서야 여인이 직장을 옮긴 걸 알았다. 아마 여인은 남편이 자신과의 관계를 숨기고 있다는 것을 그 날 눈치 챘을 것이다.

남편의 기록 중 놀라운 것은 1995년 남편의 노트였다. 1994년 가을, 아이들과 내가 먼저 귀국한 후, 남편은 우리 가족의 거주문제와 내 직장 문제로 다음해인 1995년 4월 말 한국을 다녀갔다. 한국에 머무는 한 달 동안 남편은 만나야 할 사람들을 날짜별로 노트에 적어 가지고 왔다. 은사나 같은 전공을 공부하거나 독일에서 함께 공부한 사람들이었다. 향후 남편의 진로에 도움을 줄 수 있다고 생각한 사람들이었다. 그런데 그 명단 속에 의외로 여인이 들어있었다. 여인의 직장 건물 내에 위치한 다른 사람의 사무실을 방문하는 날, 남편은 여인도 만날 계획을 세워두고 있었다. 나는 남편이 결혼 전, 여인이 옮겨간 직장을 이미 방문한 적이 있었던 건 아닐까 하는 생각이 들었다.

남편은 결혼생활 내내 나에게 단 한 번도 여인을 언급한 적이 없었다. 그러나 유학을 떠난 지 7년만의 첫 한국방문에서 남편은 나 몰래 여인을 찾아가 만났던 것이다. 나는 남편의 이 행동이 화근의 시작이었음을 알 수 있었다.

같은 직장동료였던 우리가 결혼하게 되었을 때, 우리는 인사차 여자입사동기들을 저녁식사에 초대했다. 여인은 그 자리에 나오지 않았다. 물론 여인은 우리의 결혼식에도 오지 않았다. 선물과 축하카드를 여자입사동기들과 함께 나에게 했을 뿐이었다. 남편도 더 이상 아무 감정 없는 후배로서 여인을 우리의 결혼식에 초대 한 것 같지 않았다. 남편의 1988년 수첩 속 하객명단에는 A가 적혀있을 뿐, 여인은 물론 B도 적혀있지 않았다.

1989년 내가 독일로 들어가기 전, 임신하여 배가 불러있던 여인을 나는 입사동기들과 마지막으로 만났다. 그러나 결혼 한지 7년 만에 여인 앞에 나타난 것은 남편이었다. 아마 남편은 내가 이미 귀국했고 자신은 혼자 독일로 돌아갈 것을 여인에게 알렸을 것이다. 그리고 여인의 명함을 받아 들고 독일로 돌아갔을 것이다. 남편은 과연 자신의 연락처를 알려주지 않았을까?

남편은 독일에서 여인의 안부 전화를 받았지만, 결코 여인에게 전화한 적이 없다고 했다. 여인이 가족과 함께 유학중이었으므로 휴대폰도 아닌 일반 전화로 당연히 통화를 시도하지 못했을 것이다. 그러나 1998년 12월 독일을 방문한 나에게 우연히 통화를 들킨 후에도, 남편은 여인의 연락을 거부하지 않았다.

오히려 1995년부터 사용했던 남편의 수첩에는 여인의 기존 ㅁㅁ이메일 주소위에 새로운 이메일 주소 두 개가 덧붙여 적혀 있었다. 유학을 마치고 먼저 귀국 한 여인이 1999년 6월부터 연락가능하다고 알려준 국내 이메일 주소였다.

여인에 뒤이어 2000년 2월 남편도 유학을 마치고 귀국했다. 남편은 2000년 노트에 자신의 귀국사실을 알려야 할 사람으로 여인의 이름을 적어 두었다. 그 후 핸드폰과 이메일이 생기자, 그 사실을 알려야할 사람 안에 다시 여인의 이름을 적어 두었다. 7월초 남편은 학위논문 구두심사를 하러 독일에 잠시 다녀왔다. 그리고 그 사실을 알려야할 사람 안에 역시 여인을 포함시켜 적어 두고 있었다.

남편에게 여인은 과연 무엇이었을까? 아내를 속이면서까지 굳이 연락하려는 남편을 보며 나는 한때 남편이 여인에게 약점이라도 잡혔던 건 아니었을까하는 상상도 했었다.

모든 사람에게 영원한 비밀은 없다-링컨

30년 넘는 흔적들을 찾으며, 나는 남편의 놀라운 모습을 알게 되었다. 주변에서 벌어지는 일들을 복사기처럼 묘사해주던 남편이었기 때문이었다.

2018년 3월 초, 나는 남편이 먼저 여인에게 연락을 시작했다는 정황에 대해 물었다. 의심이 들면 언제라도 답해줄 것처럼 말했던 남편은 불같이 화를 냈다. 20여년 넘게 자신이 해온 행동에 대한 해명은 이미 끝났다는 투였다. 그러면서 처음으로 여인이 "그런 식으로 접근"했다는 말을 했다. 나는 남편이 자신이 먼저 한 행동의 의미는 생각하지 못하고 있다는 생각이 들었다. 그러나 남편이 그렇게 느낀 시점이 언제쯤이었을까?

결혼 한지 7년 만에 아내 몰래 찾아온 남편 때문에, 아내 없는 독일에서 전화를 흔쾌히 받아주는 남편 때문에, 다시 만나 모교 캠퍼스를 함께 거닐던 남편 때문에, 아내 없는 전주에서 여전히 반기는 남편 때문에, "생각과 마음"을 표현한 이메일도 묵인하는 남편 때문에 여인의 옛 감정이 다시 살아났을지도 모를 일이다.

나는 남편에게 왜 여인이 그런 이메일을 보낸 줄 아느냐고 물은 적이 있다. 나 몰래 자신을 만나고 있다는 것을 알고 있었기 때문이라는 내 말에, 남편의 얼굴은 붉게 변했다.

남편은 여인의 감정을 알면서도 "선배가 제안한 성격의 만남"을 이야기했다. 그런 내용의 이메일을 받고도 다시 여인을 만났다. "접근"한다고 느꼈지만, "언제 또 볼 날"을 기대했다. 여인이 자신에게는 배우자 몰래 만나도 될 인간관계였지만, 나에게는 "그놈의 입사동기"라고 했다. 부부의 도리보다 학연이나 학위 그리고 직위를 핑계 댔다. 그 긴 세월동안 배우자를 속여도, 여인의 감정을 알아도, 자신의 감정은 결백하다고 우겼다.

남편과 여인은 최근 몇 년간 연락을 하지 않은 듯 했다. 따라서 남편은 "이미 지나간 일인데, 이제 와서 뭘 어쩌라는 거냐"고 했다. 두 사람은 5~6년 만에도 서로의 직장을 불쑥 방문하는 사이였다. "언제 또 볼 날"을 기다리는 중이였는지는 알 수 없었다. 그 사이 각자에게 별 변화가 없다는 뜻일 수도 있고, 2011년 이후 내가 남편과 전주에서 함께 하는 시간이 점차 길어졌기 때문일 수도 있었다. 두 사람의 관계가 내 손으로 끊어졌음에도 불구하고, 남편은 자신의 회색지대를 이미 백색지대로 옮겨온 듯 했다.

3월말 나는 ㅁㅁ에 사는 A에게 27년 만에 이메일을 보냈다. 남편이 전주로 찾아온 여인에게 왜 A의 연락처를 물었는지 의아했기 때문이었다. 나 몰래 여인을 만나는 남편이 결코 A와는 연락하지 않으리라 나는 확신했다. A는 남편에게 연락할 때마다 늘 나의 안부를 물었기 때문이었다. 내 확신은 옳았다. 그 대신 A는 나에게 새로운 사실을 알려주었다. "아주 오래전" 남편이 여인에게 이메일을 보냈는데, "내용이 좀 과했다"는 말을 여인에게 전해 들었다고 했다. 더군다나 여인이 그 이메일을 자신의 남편과 함께 읽었다고 했다.

여인과 이메일을 주고받는 사이가 아니라던 남편의 말은 거짓이었다. 그런데 여인은 제3자에서 그런 말을 옮기면서, 왜 남편을 찾아다닌 걸까? 남편처럼 여인도 제3자에게 들키면, 자신의 감정을 상대방에게 떠넘긴 것일까?

4월 중순, 나는 아주 우연히 남편 컴퓨터에서 B의 흔적을 발견했다. 여인이 자신의 집에 있는 컴퓨터에서 B의 이메일 주소를 찾아보고, "찾게 되면 알려 드릴게요"라고 썼던 글귀가 떠올랐다. B는 여인이 나타난 이후 늘 한몸처럼 붙어 등장하는 여자였다. 대학시절 여인의 단짝인 듯, 그 시절 여인과 남편의 관계를 잘 아는 듯 했다. 여인은 B의 소식을 핑계 삼아 남편과 연락하는 듯 했고, 남편은 그때마다 B의 연락처도 적어두고 있었다.

나는 남편이 B와 직접 연락을 할 거라는 사실에는 오랫동안 회의적이었다. 남편이 자신의 친구와 B가 결혼했다고 말했기 때문이었다. 여인을 나 몰래 만나는 남편이 자신의 친구부인과 연락을 할까?

여인이 2009년 알려준 이메일 주소일지는 모르지만, 나는 연락가능한지 확인하고 싶었다. B는 곧 내 이메일을 확인했다. 그리고 나는 두 번째 이메일을 보냈다. 그러나 B는 내 이메일에 답하지 않았다. B의 남편은 과연 내 남편의 친구일까?

6월초 어느 날, 남편이 내게 물었다. “당신은 대학시절 사귀던 남자가 궁금하지 않아?”

남편은 남의 집에 초대를 받아 가도, 손님으로서 그 집 거실에 앉아있기보다는 그 집 안방을 구경하고 싶어 했다. 나는 남편의 쓸데없고 과한 호기심이 늘 의아했다. 그것은 타인에 대한 존중과도 관계되는 일이기 때문이었다.

그때도 당신이 알았더라면

1998년 12월, 초등학교 2학년이던 아들의 겨울방학을 맞아 나는 두 아이와 독일에 갔었다. 그 해 안에 논문을 끝내고 돌아오겠다던 남편은 시간이 더 길어질 거 같다고 했다. 초등학교 입학 전에 아빠가 돌아올 것을 철썩 같이 믿고 있던 딸은 실망이 컸다. 마침 IMF로 보습학원 강사직을 그만두고 나는 다른 일을 찾느라 쉬고 있던 참이었다. 돈도 중요하지만, 가족이 이렇게 헤어져서 원망을 하며 살 필요가 뭐가 있나 하는 생각이 들었다. 나는 대책은 없었지만 있는 돈을 다 긁어모아 비행기 티켓을 마련했다.

그렇게 간 독일에서 나는 이미 한국에 나와 여인을 몰래 만나고 돌아간 남편이 기숙사로 걸려오는 전화를 받으며 지내고 있는 것을 목격하게 되었다. 남편은 얼굴을 들고 나를 똑바로 쳐다보지도 못하고 여인핑계를 댔었다.

2007년 11월 말 남편이 다시 가족과 떨어져 전주로 직장을 옮기게 되었을 때, 나는 남편을 위해 두 가지 선물을 만들기 시작했다. 퀼트로 만든 쿠션과 바구니였다. 남편은 책상 앞에 앉을 때 의자 등받이에 깊숙이 기대지 않고, 의자 끝에 걸터앉아 허리를 꼿꼿이 세우고 작업을 했다. 그래서 커다란 등받이 쿠션을 만들고, “Ich liebe dich(사랑해)”라고 수를 놓았다.

자질구레한 문구용품을 담으라고 만든 바구니는 열두 마리 토끼가 빙 둘러 서있었다. 나는 토끼 얼굴에 작은 검정구슬로 두 개씩 눈알을 달았다. 토끼띠인 나는 남편에게, “빙 둘러 보고 있다. 딴 짓하지 마라”라는 의미라고 말했다.

선물을 받은 후 남편은 쿠션 두께가 맞지 않아 오히려 불편하다며 쿠션을 치워달라고 했다. 그러나 잡다한 것을 담아둔 토끼 바구니는 여전히 연구실 서랍장 안에서 제 자리를 지키고 있다. 어떤 사랑의 맹세도 어떤 사랑의 징표도 남편을 구속할 수 없다는 걸 나는 안다. 그것은 남편이 그래 줄 거라는 믿음이었을 것이다.

전주까지 찾아온 여인과 남편이 다시 활발한 연락을 하던 2009년과 2010년은 딸이 고등학교 2, 3학년 때였다. 문화센터 강사로 일하며 두 아이와 내가 서울에서 고군분투하던 시절이었다.

신의란?

그렇게 우리 부부는 일 년 넘게 다투었다. 그리고 2018년을 맞았다. 2018년은 우리부부가 결혼 한지 30년이 되는 해였고, 남편이 환갑을 앞둔 해였다. 배우자로서 잘못한 행동이었음을 인정한 후, 남편은 가끔씩 자신의 삶을 되돌아보는 말을 하기 시작했다. 우리가 다툰 직접적인 이유는 여인 때문이었지만, 그로 인해 반복되던 불만들이 다시 튀어나왔기 때문이었다.

"우리 부부가 전에는 이런 얘기를 왜 한 번도 안하고 살았지?"라는 남편의 말에 나는 억장이 무너지는 기분이었다. 내 말에 사나운 표정을 지으며, "뭐가 잘 못 됐다는 건지 어디 다시 한 번 말해봐"를 평생 반복하던 남편이었다. 여인에 관한 세 차례의 내 의견조차 무시해서, 이 나이에 이 지경을 만든 사람이 아닌가.

남편의 유일한 변화는 취침 전 핸드폰 화면을 바닥으로 향하게 뒤집어 놓는 것이었다. 반짝이는 핸드폰 불빛에 불평하는 나를 평생 무시하던 남편이었다.

우연히 두 번의 전화통화 때마다 남편 옆에 없었더라면, 우연히 이메일 사본을 발견하지 못했더라면, 결혼 내내 이어지는 남편과 여인의 관계를 나는 알지 못했을 것이다. 그리고 내가 직접 여인에게 이메일을 보내지 않았더라면, 남편은 아마 "언제 또 볼 날"에도 기꺼이 여인을 나 몰래 만나러 나갔을 것이다.

우리 부부는 결혼 한지 15일 만에 한국과 독일로 11개월 떨어져 살았다. 그리고 함께 산지 5년 만에 다시 한국과 독일로 5년을 떨어져 살았다. 그 당시 이혼을 부추기는 사람도 많았다. 그러나 남편은 "그 시절 당신에 대해 페어(fair, 공정하게)할 것을 결심했었다"고 여러 번 말해왔다.

남편이 귀국해서 함께 산지 8년 만에, 우리는 다시 서울과 전주로 나뉘어 9년쯤 지냈다. 부부가 떨어져 살아야한다는 것이 젊은 시절 쉽지만은 않았다. 그러나 남편의 유학, 경제적 이유, 아이들 교육, 남편 직장 때문에 최선을 다한 선택이었다. 그렇게 결혼생활 중 절반의 시간을 떨어져 살았다. 그럼에도 불구하고 우리 부부가 이혼으로 가지 않은 것은 아마 남편이 말하는 "신의"가 그 이유일 것이다. 그러나 신의가 육체만의 문제일까?

나는 진실 된 정보를 공유하는 것을 부부간 소통과 신뢰의 기본으로 여겨왔다. 남편이 나와 상관없는 사람들에 대한 이야기를 할 때도 나는 남편의 그런 의도라고 믿었다. '부끄럽지 않을까' 생각할 정도의 자신과 시댁에 관한 내밀한 이야기도 남편은 결혼 전부터 스스럼없이 해왔다. 따라서 나는 남편의 덕목으로 솔직함과 정직함을 꼽아왔다. 곧 결혼 30주년을 맞이하는 시점이어서, 나는 남편에게 "내가 당신을 낳지만 않았지, 이제 내가 시어머니보다 당신을 더 잘 안다"라고 농담처럼 말했었다.

그러나 이번 일을 겪은 후, 나는 남편이 누군가를 만나고온 이야기를 하면, '그래봤자 몰래 만날 사람은 몰래 만났겠지'하는 생각이 먼저 들게 되었다. 카카오 톡이나 이메일을 보여주면, '저래봤자 삭제할건 다 삭제하고, 숨길 건 다 숨겼겠지'하는 생각이 먼저 들게 되었다. 인간과 사회에 대한 지식과 자신의 판단을 이야기하는 남편을 바라보면서도, 나는 예전과 달리 머릿속이 혼란스러워졌다. '저렇게 배운 사람답게, 사실을 왜곡하고, 상황을 자신에게 유리하게 해석했던 걸까?'

비록 결혼생활 동안 내 불만에 귀를 닫고, 아빠와 남편의 역할에 대해 성찰하지 않는 면도 있었다. 그러나 부부 또는 남녀 간 윤리가 모호한 사회생활 속에서도 자신이 하는 말만큼 처신 역시 바른 사람일거라 믿었다. 남편은 남녀 간 우정도 이혼한 부부 사이의 친구 같은 관계도 비웃던 사람이었다. 따라서 처음부터 여인에 관한 거짓말을 서슴지 않던 남편의 진정성을 나는 의심할 수밖에 없었다.

그리고 그 후

나는 이 번 일을 겪으며, 내가 남편에 대한 신뢰와 존중을 영원히 잃는 것은 아닌지 제일 두려웠다. 여인에 관한 질문을 할 때마다 수치심에 붉어지던 남편의 얼굴을 나는 평생 잊을 수 없을 것이다. 그 날 새벽 여인의 이메일을 함께 읽으며 아빠의 반응을 일 년간 소리 없이 지켜본 두 자식들에게도 나는 할 말이 없다. "아빠도 연애감정을 가진 남자란다"라고 해야 하나? "기혼자로서 어떻게 처신해야하는지 보고 배우렴"해야 하나?

여인이 전주로 찾아온 날은 2009년 3월 ㅁㅁ일 이었다. 그리고 수첩에 옮겨 적을 시간이 없어 이메일 사본을 만들었을 거라는 내 예상과 달리, 남편은 그 해 6월 ㅁㅁ일, 출장지 ㅁㅁ에 도착한 날짜에 세 사람의 연락처를 모두 옮겨 적었다. 사본에 없던 B의 이메일 주소와 직장 연락처까지 옮겨 적은걸 보면, 여인이 다시 이메일을 보낸 건 확실했다. 용의주도하던 남편이 어쩌다가 사본까지 만들고 오랜 세월 잊었던 걸까?

남편의 뒤늦은 반성과 사과에도 불구하고, 나는 아직도 남편의 이기적이고 모순적인 행동을 이해하고 용서할 수 있을지 판단이 서지 않았다. 나의 충격은 다가 올 결혼생활 내내, 내 가슴에 얹혀 질 돌덩이일 것만 같았다.

그 넥타이는 짙푸른 남색과 하늘색의 그라데이션 원단위에 격자무늬가 쳐있다. 격자무늬 교차점마다 작은 인조 보석이 반짝인다. 남편은 자신이 제일 좋아하던 넥타이가 왜 없어 졌나 의아했다고 한다. 남편은 여전히 그 넥타이를 즐겨 맨다. 그때마다 나는 남편이 내 인생에 에피소드 하나를 더했던 그 날을 떠올린다.

27) 앤드류 헤이 감독의 2015년 영국영화. 결혼 45주년 기념 파티를 준비하던 부부. 결혼 전 남편의 첫사랑 여인에 관한 편지가 도착한다. 흔들리는 남편과 그간 남편이 간직했던 여인의 흔적들을 보며 아내 역시 45년간 함께 한 남편에 대한 신뢰가 흔들리기 시작한다.

28. 폭풍의 언덕

"여보, 왜 도로를 통째로 세내고 그래요?" 지방에 일정이 있는 남편을 따라 나는 가끔 여행길에 나선다. 때로 평일의 자동차 전용도로는 너무 한적하다. 나는 남편에게 우리의 여행을 위해 도로를 세냈냐고 농담을 한다.

아이들 없이 부부만 여행을 다니기 시작한 것은 결혼 한지 28년이 넘어서부터다. 결혼 한지 26년 만에 중고차를 마련했고, 27년 반 만에 겨우 전주에 낡은 아파트를 마련했다. 딸은 대학원 졸업을 앞두고 있었고, 아들은 입대를 앞두고 있었다. 비로소 아이들을 내 손에서 놓을 수 있었다.

차츰 나의 생활근거지도 아이들과 함께 살던 서울에서, 남편 직장이 있는 전주로 바뀌었다. 첫아이를 낳은 후 28년간 아이들의 양육과 교육에 매달리던 삶에서 해방되는 기분이 들어, 나는 너무 홀가분하였다. 일정상 일주일에 두 세 번씩 서울을 오가며 생활했던 남편도, 둘만이 다시 둥지를 틀게 된 걸 기뻐하였다.

우리는 저녁이면 저렴한 와인을 마셨다. 그럴싸한 저녁반찬을 만들어 한 두 잔의 레드 와인을 마셨다. 와인은 우리 부부의 위장만큼이나 몸도 마음도 편하게 했다. 굽 높은 유리잔 속 붉은 색만큼 저녁시간이 화려하게 느껴졌다.

"당신만 있으면 돼." 남편이 가끔씩 하는 입바른 말이지만, 앞으로도 우리 둘이라면 정말 행복할 것 같았다.

남편과의 행복한 삶은 결혼 할 때부터의 목표였지만, 현실은 늘 그렇지만 않았다. 각자 맡은 바 역할은 열심히 해왔지만, 우리 부부도 소통하고 이해하는 데는 실패했다. 상대방을 이해하거나 문제를 함께 해결하려고 노력하지 않았다. 자신의 것은 절대 포기하지 않았고, 상대에 대한 불만은 마음속에 담아두었다. 그리고 각자 편한 방식대로 해결하며, 서로의 감정은 더 악화되었다. 남편은 자신에게 호감을 보이는 타인 그리고 자신의 사회생활이 늘 우선이었다. 사회적으로 성공한 사람들이 대부분 그렇듯 나에게 남편은 늘 이기적인 사람이었다.

결혼 초 설거지하던 남편의 옷자락을 잡아끌던 시어머니를 탓하던 남편의 모습은 어느 순간 사라졌다. 우리 부부는 가사와 노동이 분리된 전통적인 부부의 역할을 해왔다. 내가 문화센터 강사로 일주일에 몇 번 강의를 나갈 때조차, 남편은 직장에서 기다리다가 늦은 내 퇴근시간에 맞춰 함께 집에 왔다. 일찍 들어와 아이들을 챙기거나 집안일을 돕지는 않았다. 나는 거의 전업주부였고 남편은 차츰 직업상 많은 대외활동을 해야 했기에, 나는 가사를 분담하지 않는다고 남편을 탓하지 않았다. 다만 나는 남편의 의식 속에 결혼생활이 아내와 공동결정을 통해 이루어진다는 생각이 있는 건지 늘 의심스러웠다. 남편은 가사노동과 자녀문제는 전적으로 내게 맡겼다. 그러나 경제적인 문제나 시댁과의 문제는 전권을 휘둘렀다. 그리고 우리 가족 간의 많은 이야기들은 소통이라기보다 남편의 이야기를 일방적으로 들어주는 것이었다. 남편은 동반자 의식이 부족한 사람이었다.

열렬한 사랑의 결과였던 결혼생활은 행복이 아니라 미움만 쌓여갔다. 너무도 다른 생활습관이나 식습관에서 오는 사소한 둘만의 다툼부터 시댁으로 치우친 가족관계에 대한 부당함, 처음해보는 가사노동, 임신, 출산, 육아, 교육 거기에 경제적인 어려움. 어찌 그 시간들을 헤쳐 나왔을까?

혼전동거, 결혼계약서, 결혼 인턴제, 황혼이혼, 휴혼, 졸혼. 내가 결혼하던 1988년에 이런 말은 없었다. 부모세대의 경험, 소설이나 영화가 결혼에 대한 정보의 전부였다. 나 또한 '검은 머리가 파뿌리 될 때까지'가 결혼의 시작이고 끝이라 생각했다. 그러나 결혼은 누구나 하는 것이고 두 사람만의 일이라고 하기에는, 나에게 너무 많은 희생과 인내가 필요한 것이었다.

'결혼 시뮬레이터(2000년. 기묘한 이야기, 일본 드라마)'가 있어서, 미래의 결혼생활을 경험해볼 수 있었다면, 나는 남편과 결혼을 안했을까? 그래도 미래의 고통보다는 당장의 사랑을 선택했을까?

신혼 생활을 시작했던 독일 동네에는 또래의 유학생 부부들이 많았다. 외국에서 살다보니, 부모나 일가친척, 친구를 대신하여 서로 돕고 살았다. 부인들 중에서 누가 임신을 하면 임부복을 서로 빌려주었고, 출산을 하면 번갈아 미역국을 끓여다 주었다. 육아용품도 돌려썼고, 이유식, 소아과, 놀이방 정보를 교환했다. 아이들의 백일상과 돌상도 함께 차리고, 커가는 아이들 생일도 서로 축하하였다. 유학생 부부에게는 공부를 마쳐야 한다는 공통된 목표가 있었고, 행복한 가정을 이루고 살기를 꿈꾸었다.

그러나 그 중 많은 부부가 이혼을 했다. 그 시절 우리 중 누군가가 이혼을 하리라 나는 상상하지 못했다. 30년을 함께 살아온 우리 부부나 이혼한 부부나 많은 사연들을 담고 있긴 마찬가지일 것이다. 어느 선택인들 쉬웠을까?

늙으신 친정아버지가 언젠가 한 말이 생각난다. 지나고 보니 자식 키우며 지냈던 그 때가 재미있었다고. 가난한 가운데 4남매를 키운 아버지는 그런 말씀을 하셨는데, 나는 이상하게도 자식 키우며 지내던 그 시절이 너무 힘들었다. 그래도 육체적, 정신적으로 매어있던 그 시절도 어느 덧 지나고, 아이들이 다 커서 독립해 나갈 날만 남았다. 오히려 요즈음은 남편이 자식들의 존재를 더 부담스러워 한다. “빨리 결혼 시켜버리자, 쌓아둔 아이들 짐은 다 버려라, 서울에는 이제 가지 마라”고 한다.

어쨌거나 우리 부부는 둘이 함께할 시간이 많아지면서 서로에 대한 생각을 더 많이 하게 되었다. 자연히 어디든 동행하는 일도 많아지게 되었다. 우리는 집에서, 차안에서 그 간의 결혼 생활을 되돌아보았고, 남은 결혼 생활을 재정립하기위한 대화를 하게 되었다.

미처 배려하지 못했던 부분들을 반성하게 되었고, 소통되지 못했던 부분의 오해를 풀고 미움을 덜어내게 되었다. 그리고 우리가 언제나 서로 사랑하고 존중했다는 것을 확인하게 되었다. 서로에 대한 애착과 안정감과 행복감을 다시 느끼게 되자, 십여 년 만에 남편은 “사랑해”라는 말을 다시 하기 시작했다. 둘이 함께 다녀오는 여행길에서 남편은 이렇게 말했다. “이 시간도 이렇게 흘러가겠지?”

결혼 30년이 돼가는 우리 또래 부부들의 삶은 두 방향으로 갈리는 듯싶다. 하나는 부부가 각 방을 쓰며 무덤덤한 동거인의 관계로 돌입하는 경우이다. 대부분 코고는 소리가 싫다거나, 잠자고 일어나는 시간이 달라서 수면에 방해된다는 것이 주원인이었다. 다른 하나는 제 2의 신혼생활을 누리는 경우이다.

나는 늘 남편의 팔베개를 베고 코고는 소리를 들으며 잠을 잔다. ‘호모 헌드레드(homo hundred, 100세 시대)’라지만 앞으로 30년을 남편과 함께 더 살 수 있을지 장담할 수 없기 때문이다. 이제 우리 부부에게 젊음은 없지만 서로에게만 집중할 수 있는 여유가 생겼다. “행복은 추구하는 것이지 갖는 게 아니다.(행복을 찾아서, 2006 미국 영화)”라는 윌 스미스의 말처럼, 그동안 느끼지 못했던 행복을 위해 아마 더 노력할 것이다.

고등학교 일학년이던 열일 곱 살부터 혼자 객지 생활을 해온 남편에게 가족이란 자신의 외로움이나 고통을 하소연 할 수 있는 대상이 아니라, 불평하지 않고 늘 자랑스런 모습을 보여 줘야하는 사람들이었다. 남편은 늘 남들보다 잘하는 모습, 다정한 태도만 시댁 식구들에게 보여주려 노력해왔다. 반면 나는 30년 동안 남편과 좋은 일보다 싸운 일과 괴로운 일로 추억을 쌓아왔다. 그 동안 나는 남편의 고통, 한계, 실수를 보아왔다. 남편 또한 마찬가지였을 것이다.

나에게 남편은 내 인생의 또 다른 부모이자 스승이었다. 남편은 나에 대한 존중과 공감능력을 가진 사람이었다. 내 부모조차 알아채지 못한 나의 약점과 결핍을 이해한 사람이었고, 그 어디에서도 내가 배우지 못한 새로운 세상을 보게 해준 사람이었다. 남편을 통해 나는 인간과 사회를 바라보는 새로운 눈을 가지게 되었다. 아마 내가 남편과 사는 동안 더 성장하지 못했다면, 그건 실행하지 못한 나의 능력의 한계일 것이다.

“내가 그를 사랑하는 이유는 잘생겼기 때문이 아니라, 넬리, 그가 나보다 더 나 자신이기 때문이야. ...(중략)..... 다른 모든 게 있더라도 그가 사라진다면 내게 온 세상은 아주 낯선 곳이 되고 말거야. 이 세상의 일부로 느껴지지 않겠지. 린튼에 대한 내 사랑은 숲의 잎사귀와 같아. 겨울이 오면 나무들이 변해가듯이 세월이 흐르면 그 사랑도 변해갈 것을 나는 잘 알아. 그렇지만 히스클리프에 대한 나의 사랑은 나무아래 놓여있는 영원한 바위와 같아서, 눈에 보이는 기쁨의 원천은 아니지만 꼭 있어야 하는 거야, 넬리. 내가 바로 히스클리프야. 그는 언제나 내 마음속에 있어. 기쁨으로서가 아니라

(내가 내 자신에게 반드시 기쁨이 아닌 것처럼) 내 자신으로서 내 마음속에 있는 거야. 그러니까 우리가 헤어진다는 말은 하지 마. 그건 있을 수 없는 일이니까."(김명신 옮김, 더 클래식, 폭풍의 언덕, 2017년)

나무아래 영원한 바위 같은 사랑이란 말에 가슴 설레던 대학시절이 떠오른다. 사랑도 하고 증오도 하면서, 서로의 본성을 이해하게 되기까지를 말하는 걸까? 우리 부부에게 주어졌던 30년이라는 시간도, 영혼까지도 사랑한다고 말할 수 있는 그런 시간이었을까?

"얘들아, 혹시 엄마나 아빠 둘 중에 누가 먼저 죽든 우리는 순장해줘." 나는 농담처럼 말한다. 죽음이 우리부부를 갈라놓은 후 혼자 남겨졌을 때를 아직은 상상하기 힘들기 때문이다.

그리고 죽어서도 무덤 속에 나란히 묻힐 수 있을까도 상상해 본다. 아마 그렇게 된다면 그 날 나는 수의를 '녹의홍상(綠衣紅裳, 연두 저고리와 다홍치마)'으로 입을까 생각해 본다.

28) 에밀리 브론테의 1847년 작품. 황량한 자연을 배경으로 히스클리프와 캐서린의 증오와 복수에 찬 광기어린 사랑을 그렸다.

29. 해피 해피 브레드

“아, 내가 제일 행복한 순간이야. 얼마나 감사한지!” 진수성찬을 앞에 두고도 안하는 이 말을 남편은 아침 식사 때면 자주 한다. 우리의 아침 식사 메뉴는 항상 똑같다. 빵, 원두커피, 과일, 요구르트 그리고 가끔 달걀을 먹는다.

우리 부부는 결혼하면서부터 식성이 판이하게 달라 평생 다투었다. 그러나 이상하게도 아침식사 메뉴만큼은 이견이 없었다. 국, 찌개, 고기, 생선을 즐기는 남편이 평생 빵과 커피로 아침식사를 즐기는 건 의외였다. 남편이 술을 많이 마시고 온 다음 날 아침에도, 나는 모른 척 남편에게 빵과 커피를 준다.

우리 부부가 빵으로 아침식사를 하게 된 이유는 아마 1989년부터 신혼생활을 독일에서 시작한 탓이 클 것이다. ‘독일’하면 사람들은 맥주나 소시지를 쉽게 떠올리겠지만, 나는 독일 빵이 얼마나 맛있는지를 떠올린다.

아침 6시면 빵가게에는 겉은 바삭하고 속은 말랑한 빵들이 선반에 줄지어 올라온다. “알프스의 소녀 하이디”가 할아버지에게 가져다주고 싶어 했던 흰 빵보다, 갈색이나 검은색 빵 그리고 겉면에 각종 곡식 알갱이가 붙은 빵이 인기가 많다. 커다란 빵은 반씩 썰어서 팔기도 한다는 것을 나는 그 당시 처음 알았다.

부부기숙사 주방에는 오븐이 있었다. 당시 한국에는 오븐이 그리 흔하지 않았다. 덕분에 나는 난생 처음으로 오븐을 사용해 보게 되었다. 오래된 기숙사 주방에 설치된 낡은 오븐은 성냥불로 점화를 했다. "헨젤과 그레텔"의 마귀 할멈이 들어갔다는 오븐 속을 나는 처음 들여 다 보았다. 그리고 빵 굽는 책과 기구들을 사서 빵과 케이크를 굽기 시작했다.

사람들은 우리가 아침 식사를 빵으로 한다고 하면 "편해서 좋겠다"고 말한다. 그러나 한국에서 빵으로 식사를 하는 것이 쉬운 일은 아니다. 우선 주식이 되는 빵을 찾기가 힘들다. 우리나라는 달달한 빵을 간식으로 먹는 문화이기 때문이다. 빵이 구워져 나오는 시간도 문제다. 우리나라 빵가게는 주식 대용 빵들이 대체로 오후에 진열되기 시작한다. 갓 지은 밥만큼 갓 구운 빵을 아침에 먹는다는 건 한국에서 정말 힘들다.

2000년대 초반에는 아침 빵을 찾기가 쉽지 않았다. 달지 않아서 잼을 바르고 치즈나 햄을 올려 먹을 만한 빵은 식빵과 바케트 뿐이었다. 가까스로 찾아낸 것은 베이글과 크루아상이었다. 그런데 베이글이 맛있는 빵가게는 드물었고, 크루아상은 잼이나 치즈를 펴 바르면 부서졌다. 인천에 살던 그 당시, 베이글이나 크루아상을 사러 자주 가던 빵가게가 있었다. 어느 날부터 그 빵가게는 나 이외에는 아무도 사가지 않는 그 빵들을 더 이상 만들지 않게 되었다.

2000년대 후반 서울로 이사 온 후에는 아침 빵을 구하기가 조금 쉬워졌다. 그 후 2010년대 후반에 이사 온 방배동은 프랑스인이 모여 산다는 서래마을과 가까운 탓인지 유명한 빵집이 많았다. 유학파 개인 제빵사들의 작은 빵가게도 있었다. 워낙 소량씩 만들어 팔아서 제때 가지 않으면 빵이 다 팔리고 없었다. 천연 효모빵, 잡곡 빵, 무설탕 빵, 허브 빵등 각종 건강빵들을 살 수 있어서 그래도 다행이었다.

전주에 사는 지금은 아파트 단지 앞 체인점의 잡곡식빵을 늘 산다. 매번 고민하며 힘든 선택의 시간을 가졌지만, 결국 살 수 있는 빵은 그것뿐이었다. 그리고 오래전 넣어두었던 토스터기를 다시 꺼내 사용하고 있다.

따라서 "빵을 먹어서 편하다"는 것은 오해다. 신선한 빵을 구하는 것이, 매일 새로 밥하는 것보다 편한 일은 아니기 때문이다.

밥의 반찬만큼이나 빵에 중요한 것이 잼, 버터, 치즈, 햄이다. 가정형편에 따라 반찬의 종류와 개수가 정해지듯 우리는 스프레드 치즈와 딸기잼으로 모든 걸 대신한다.

아침식사를 빵과 커피로 해서 편한 점이라면, 우리부부가 커피에 대해 고급취향을 갖지 못했다는 점이 큰 이유 일 것이다. 커피 품종에도 커피 향에도 까다롭지 않은 우리부부는 주전자 가득 커피를 내려 양껏 마시는 것으로 아침을 맞는다.

아침에 남편과 커피 잔을 마주하고 앉으면, 우리는 식사를 한다기보다 커피 브레이크를 갖는 느낌이다. 자연스레 대화의 시간이 되고 식빵 한두 쪽 먹는데도 긴 시간이 소요된다. 물론 출근 시간 압박이 있는 날은 우리도 아침을 거른다. 아침에 우리 앞에 커피가 놓여 있다는 것은 여유로운 아침을 맞는 날이다.

내가 독일 빵을 처음 맛 본 것은 1988년 6월이었다. '브뢰첸(Broetchen)'이라는 주먹만한 빵이었다. 그때 나는 결혼 전이었고, 직장에서 연수차 독일엘 갔었다. 그해 9월 결혼을 했지만, 남편 혼자 독일로 유학을 떠났다. 한국에 남아있던 나는 다음해 남편과 합류하기 위해 독일로 떠났다. 그 후 나는 아들과 한국을 방문한 적이 있었다. 그리고 1994년 아이들과 완전히 귀국했다. 따라서 남편도 한국을 방문하거나, 유학을 마치고 귀국할 때 혼자였다. 그 후 남편은 업무 차 독일을 방문하기도 했다. 우리 부부는 독일에서 함께 살았고 여러 번 왕복을 했지만, 부부가 함께 오간적은 한 번도 없었다.

2018년 9월부터 남편이 연구년을 독일에서 보내기로 하면서, 우리는 결혼 한지 30년 만에 함께 독일에 가게 되었다. 그곳은 우리의 신혼이 시작되었고 아이들이 태어난 곳이었다. 그러나 우리의 갈등이 시작된 곳이기도 했다. 서로에 대한 원망과 가족들의 비난을 감내하며 각자의 고통이 시작된 곳이었다. 그래서 우리는 그곳을 되돌아보고 싶지 않았다.

"백척 간두에 나를 세워두고 흔들어대던 당신"이라며 남편은 지금도 나를 원망한다. 그리고 "지금 다시 하라고 하면 할 수 있을까?"하며 진퇴양난에 빠졌던 그 시절 자신을 되돌아본다. 그 시절 우리에게 더 좋은 방법이 있었을까? 남편도 나도 각자에게 좋은 방법만 끝까지 고집했던 건 아닐까? 어렵던 시절 상대에 대한 배려의 기억을 갖지 못했기에, 우리부부가 행복하지 않았던 건 아닐까?

나는 독일에서 어린 두 아이와 기숙사 방에 종일 갇혀 지냈다. 절약으로도 해결되지 않는 유학생 부인의 궁핍도 견뎌야했다. 그러나 나 자신에 대한 존재감을 상실해 가는 무력감과 우울감은 떨치기 힘들었다.

"남편이 뭐 하시길래?" 직장을 얻기 위해 이력서를 들고 찾아온 나를 보고 내뱉는 첫마디였다. 한국에서 두 아이가 딸린 주부는 학력이나 경력보다 "아줌마"라는 이미지가 먼저 딸려 나왔다. '이력서라도 읽고 말해라.' 나는 속으로 그렇게 말했다. 남편의 표현처럼, "두 아이를 한국에 볼모로 잡고"가 아니라, "두 아이를 먹여 살려야 했기에" 나는 한국에서 바둥 거렸다.

젊었기에 무작정 헤쳐 나왔을지도 모르겠다. 젊었기에 애정만큼 서로에게 서툴렀을지도 모르겠다. 처음이라 익숙지 않았던, 누구도 가르쳐 주지 않았던 부부의 길의 첫 길목. 그래도 이렇게 둘이 함께 돌아가 보는 날이 왔다. "발버둥 쳐본 사람이 아니면 행복해질 수 없다 "고 했던가.

눈을 뜨면 커피와 빵을 나누며 남편의 얼굴을 마주 볼 수 있어 행복했던 기숙사의 작은 부엌, 오븐에 구운 달달한 빵과 함께 한 나른한 오후의 휴식, 입덧이 끝나면 먹고 싶었던 도넛 닮은 베를리너, 아이를 낳고도 첫 끼를 빵으로 먹었던 독일의 산부인과, 백일에도 돌에도 아이들 생일상을 장식했던 내가 만든 케이크들, 한 덩이의 빵과 한 주전자의 차를 내놓던 독일친구의 초대, 기숙사 정원의 호두를 까서 만들었던 파운드케이크, 사과를 먹지 않는 아들도 즐겨 먹었던 사과 타르트, 산책가면 자주 찾던 카페의 체리 타르트, 일요일 아이들의 늦잠을 깨우던 와플 굽는 냄새, 남편이 유일하게 만들 줄 알았던 치즈 케이크.

'눈물 젖은 빵'만 먹으며 지냈을 거라고 생각해온 그 시절에도 달콤한 빵과의 행복한 추억이 속속 들어 있었다. 30년 만에 남편과 함께 가는 독일에서 나는 어떤 빵 맛을 보게 될까?

비행기 안 우리 부부 옆 좌석에는 딸아이가 앉아 있다. 석사를 마치고도 뭘 해야 할지 결심이 서지 않은 딸은 20년 만에 가보는 독일을 머릿속에 그리고 있다. 나는 바로 옆자리의 딸아이가 아직도 끝나지 않은 우리부부의 의무인 것 같은 느낌이 든다.

29) 미시마 유키코 감독의 2012년 일본영화. 빵을 매개로 평범한 순간, 축하해야할 순간, 위로를 해야 할 순간, 그리고 삶의 마지막까지도 함께해야하는 순간에 대해 그린 동화 같은 영화.

30. 황금시대

결혼식 후 보름 만에 남편은 독일로 유학을 떠났다. 친정에 남아 직장 생활을 하며, 나는 독일 대학의 입학허가서를 받기위한 준비를 했다. 미국과 달리 독일은 배우자 비자가 없었다. 남산에 있던 독일 문화원에서 독일어를 배우고, 학원에서 독일어 문법을 정리하며, 네 곳의 독일 대학에 지원했다. 그리고 남편이 유학중이던 대학을 비롯한 두 대학에서 어학 코스를 전제로 한 독문학과 입학허가서를 받게 되었다.

직장 생활을 접고 결혼 후 11개월 만에 나는 독일로 갔다. 대학의 어학코스를 마치고 첫 학기가 시작된 후, 나는 임신을 하게 되었다. 그 후 5년간 나는 두 아이를 낳아 키웠다.

1994년 가을 귀국한 나는 둘째아이가 고등학교 3학년이던 2010년 8월까지 보습학원 영어강사와 문화센터 강사로 일했다. 비정규직 직장생활이 그렇듯, 결혼생활 동안 사실 전업주부에 가까웠다. 따라서 나는 두 아이의 양육과 집안 살림을 도맡아 했다. 그러나 남편의 표현처럼 나는 악착스런 살림꾼도 아니었다. 남편은 나를 배운 사람이지만 그에 걸 맞는 직장도 없고, 취미생활에 가까운 일을 하며, 남편에게 경제적으로 의존하는 여자로 생각했다. 자신의 일이 없어 늘 그 열정을 자식을 감싸고도는데 썼지만, 두 자식을 명문대에 보내지 못한 무능한 엄마로도 생각했다.

남편은 한 달 생활비를 이체한 후, 내가 전업주부였기에 가사 노동은 물론이고 아이들 교육에도 관심을 두지 않았다. 그러면서도 내가 "사회적 역할"이 없는 "단순 재생산"에만 가담한다며, 늘 다른 집 부인의 직업과 예상 연봉을 들먹였다. 평생 내 옆에서 나의 현실을 보며 함께 살아온 남편의 평가에 나는 퍽 서운했다. 온 가족의 희생으로 지금의 위치를 확보한 남편은 마치 세상 모든 일이 자신의 의지와 노력에 달린 것인 양 말했다.

나는 50년 나의 삶이 남편이 말하는 것처럼 무의미한 삶이었을까 하는 생각이 들기 시작했다. 내 인생에 아쉬움은 있었지만, 나 자신을 지키며 가족에게 최선을 다하며 살았다고 생각했기 때문이었다. 그래서 나는 2012년 쯤부터 나의 삶과 내 삶의 절반을 차지했던 결혼생활을 되돌아보기 시작했다. 마침 2013년에 은혼식을 앞두고 있었던 터라, 나는 기념 산문집도 낼 겸 글을 쓰기 시작했다.

아들은 엄마가 글을 쓴다는 말에 USB를 선물해주었다. 딸은 책표지 디자인과 작가의 사진으로 쓰라며 캐리커쳐를 그려주었다. 그렇게 자식 둘의 후원을 받으며 20여 편의 글을 썼다.

출판을 고민하고 있을 즈음이었다. 2013년 7월 어느 날, 남편이 내가 써두었던 글 한편에 대한 이야기를 했다. 나는 남편에게 쓴 글을 보여준 적이 없었다. 그런데 남편은, "그거 읽어보니까, 당신 참 불쌍하더라"라고 평을 했다. "크림빵과 빗자루"라는 내가 엄마에게 맞았던 어린 시절의 기억을 써놓은 글이었다.

당시 나만의 노트북이나 컴퓨터도 없고 타자도 서툴렀던 나는 글 소재가 생각날 때마다 깨알 같은 글씨로 일기장에 글을 써놓고 있었다. 일기장도 몰래 들춰 읽는 남편의 태도에 나는 나의 삶이 하루아침에 도둑맞은 기분이 들었다.

"맨 날 무슨 생각하나 하고 밤새워 읽었지"라며 남편은 핸드폰 문자로 사과를 전했다. 남편이 나를 이해하려는 노력이 나의 일기를 들추는 거였을까? 남편이 상대에 대한 존중보다는 자신의 호기심이 앞서는 사람이라는 걸 알고 있었지만, 나는 퍽 불쾌했다. '아웃 오브 아프리카(메릴 스트립 주연, 1986년 미국 영화)'를 봤으면서, 글 쓴다는 아내에게 볼펜 한 자루 선물할 생각은 못하는 걸까? 나는 이런 남편과의 삶을 돌이켜 추억한다는 게 갑자기 싫어져 글쓰기를 중단해 버렸다.

그 후 5년간 우리 가족 누구의 삶도 특별히 변하지 않았다. 나는 서울과 전주를 오가며 애들과 남편을 번갈아 뒤치다꺼리 했다. 남편은 자신의 사회생활로 눈코 뜰 새 없었다. 자식들은 다 큰 듯 했으나 여전히 나의 손길을 당연한 듯 요구했다. 애들도 다 키웠으니 우리 부부끼리 재미있게 살아보자는 남편의 말은 공허하기만 했다.

우리 부부는 여전히 사랑하고 이해하는듯하면서도, 사소한 언쟁은 계속됐고, 매번 서로 상처받았다. 유학시절과 달리 사회생활을 시작하면서부터, 언쟁이 시작 되면 남편은 큰소리를 내고 눈알을 부라렸다. "그래서 뭐 어찌했다는 건지 다시 한 번 말해봐"라며, 매번 같은 말을 되풀이 하게 했다. 그러나 매번 처음 듣는 이야기인 척했고 남편의 행동에도 변화는 없었다. 나이가 들면서, 부부싸움 후 남편이 먼저 화해를 시도하는 법도 없었다. 이불속에서도 서로 몸이 닿지 않도록 밤새 웅크리고 잤다. 카카오 톡이라도 내가 먼저 보내야 남편은 말을 시작했다. 나이가 들면서, 남편은 점차 옹졸해지는 듯 했다.

남편이 어쩔 수 없이 수긍하게 된 거라면, 우리에게도 찾아온 늙음이었다. 남편은 노안으로 다초점 안경을 쓰기 시작했고, 고지혈증과 하지정맥류 약을 먹기 시작했다. 점점 불러오는 남편의 복부비만을 보고 만나는 사람마다 한마디씩 했다. 옆 동료가 앓고 있는 오십견을 두려워하며 남편은 매일 아침 아령을 시작했다.

나는 더 늙기 전에 어떻게 사는지도 모르고 무조건 열심히만 살아온 내 삶도 우리 부부관계도 돌아보고 싶었다. 남편이 열심히 살아온 덕에 온 가족이 생계를 유지했지만, 행복했을까 하는 점에서 우리 부부 둘 다 의문이 들었다.

연애 시절 로맨틱하게만 보였던 남편은 결혼 내내 합리적으로 판단하고 부지런히 행동하는 사람이었다. 잠시 쉴 틈도 없이 스스로를 학대하듯 사회생활을 했다. 맨 바닥에서 구르듯 사는 남편을 지켜보며 안타깝기도, 미안하기도, 고맙기도 했다. 그러나 사회인이 아닌 배우자로서 남편은 아주 가부장적이었다. 부부의 의미와 역할에 대해 전혀 생각하지 않는 사람이었다. 남녀관계의 기본만 알고 결혼한 사람 같았다. 남편은 타인에게 좋은 남자이긴 했지만, 나에게 좋은 남편은 아니었다.

다른 부부와 달리 우리는 남편의 유학으로 10년간 경제적으로 시댁에 의존하는 생활을 했다. 그 후 10년간은 잦은 이사와 여전한 경제적 궁핍을 견디며 아이들을 교육시켜야 했다. 남편이 원하던 직장을 얻었을 때, 우리 가족은 다시 나뉘어 살아야했다. 생활은 늘 불안정했고, 서로에 대한 불만이나 기대는 해결되지 않고 차곡차곡 쌓여온 세월이었다. 따라서 나는 결혼 30년을 돌아보며 오해도 풀고 반성도 해야, 남은 세월을 원망 없이 함께 살 수 있을 거라는 생각이 들었다.

미숙했던 우리 부부관계를 돌아보고 기록한다는 게 무슨 의미가 있을까 하는 생각도 물론 들었다. 그러나 삶이 나 혼자 그냥 지나치는 과정이 아니라는 생각이 들었다. 일기가 그렇듯, 기록이 없다면 반성도 없을 것이라는 생각이 들었다. 우리 부부의 삶도 누군가에게 기억되며, 어린 자식들의 그림일기에도 이미 기록됐을 거라는 생각이 들었다. 따라서 우리의 허물과 시행착오가 비록 부끄러울지라도 자식들에게 교훈이 될 거란 생각이 들었다. 부모들의 삶을 통해, 배우자로서의 태도와 가족의 의미를 생각해 볼 수 있기를 바랐다. 알지 못하는 누군가의 삶보다 내 부모의 삶이 더 현실성 있을 것 같았다. 5년 전 쓰다가 멈춘 글을 마무리 해야겠다는 생각도 들었다.

남편의 연구년과 함께 글을 쓰기 시작하려던 나의 야무진 꿈은 번번이 현실 앞에서 좌절됐다. 3년간 연구년 준비만 시키던 남편은 매번 떠맡게 되는 새로운 일 때문에 연구년을 미뤘다. 나는 야무진 꿈이 아닌 헛된 꿈임을 깨닫고, 2016년 여름부터 다시 글을 쓰기 시작했다. 미국 작가 제임스 서버(James Thurber)의 "제대로 쓰려하지 말고 무조건 써라"는 말도 큰 힘이 됐다. 그해 가을 내가 늙어간다는 신호는 폐경이 아닌 백내장으로 찾아왔다.

창작도 아니면서 나만의 삶을 뒤돌아본다는 것조차 때로는 힘들고 고통스러웠다. 결혼생활의 모든 순간이 즐겁고 기쁘지만은 않았기 때문이었다. 또렷한 내 기억을 보면 아마도 결혼생활은 나에게 기쁨보다 많은 상처를 준 것 같았다. 행복했던 순간은 억지로 기억해내야 했고, 슬프고 괴롭던 순간들은 줄줄이 떠올랐다. 결혼생활 내내 순간순간 최선을 다하며 살았다고 생각했는데, 무엇을 위해 최선을 다했는지, 그 결과가 무엇이었는지 알 수 없었다. 승진도 없고, 보수도 없고, 퇴직도 없는 정규직 주부의 삶이란 그런 건가? 남편 말처럼 '주체적 삶이 아닌 자식과 남편에 의존한 삶'이라 그런가? 모든 엄마 또는 아내는 독립적인 존재가 아니었나? 글을 쓰며 나는 그런 생각을 했다.

2014년 3월 중순 아이들 둘이 캐나다로 어학연수를 떠나고, 뒤이어 5월 초 남편도 일주일간의 학회일정으로 캐나다로 떠났다. 그때 나는 결혼 26년 만에 처음으로 일주일간의 휴가를 갖게 되었다. 공항에서 남편을 보내고 친정에서 하루를 보냈다. 그리고 나는 전주로 내려와 난생처음 건강검진을 받고 치과 치료를 받았다. 그때가 결혼 후 내 몸을 먼저 돌볼 수 있었던 처음이었다. 단 한순간도 일상을 벗어나지 못한 주부에게 주어진 안식년 같은 시간이었다.

글을 쓰는 시간도 나에게 이와 같았다. 글쓰기는 온전한 나만의 시간이었다. 나의 고통을 위로할 줄 몰랐던 남편과 대화하는 것보다, 나는 글을 쓰면서 생각을 정리하고 마음의 안정을 얻었다. "임금님 귀는 당나귀 귀"를 외치고 싶었던 순간들을 속 시원히 벗어던지는 기분이었다.

사실 결혼 후 남편에게 쏠렸던 나의 모든 오감은, 아이가 태어나면서부터 아이의 일거수일투족으로 쏠렸다. 어린 자식을 양육하는 동안 나는 단 한 페이지의 소설도 집중해 읽지 못하던 때도 있었다. 커가는 아이들을 교육하던 시기는 온갖 노력과 온갖 재물을 바치는 시기였기에, 차라리 집안을 벗어나 일터로 가는 것이 더 홀가분했다. 내 능력을 발휘하고, 타인의 인정을 받고, 타인과 교류를 하고, 수입을 얻고. 나는 의무만 강요하는 가정보다 직장에 나가 있는 것이 훨씬 편안했다. 아마 맹목적인 가족에 대한 사랑이 없었다면, 매일 반복되는 덧없는 집안일은 구차한 삶의 확인일 뿐이었을 것이다.

그래도 우리는 가족 간 대화가 많은 편이었다. 그리고 부부끼리 그리고 성인이 된 자식들과 격의 없는 스킨십도 했다. 그러나 나와 남편에게는 다른 점이 있었다. 나는 관찰하고 사색하며, 가족이라면 고통과 고민도 나누어야 한다고 생각하는 사람이었다. 반면 남편은 행동에 에너지가 넘치고, 생각은 고집스러웠으며, 대화는 주로 자랑뿐이었다. 섬세하고 세밀한 일상이 삶이라 생각한 나와 달리 남편은 그것이 잡일이라 생각했다. 삶이란 자신의 존재를 부각하며 사회 조직의 변화를 이끄는 것이라 생각했다. 부부간 대화는 많았지만 우리 부부는 매사에 부딪쳤고, 소통과 이해는 되지 못했다. 30년 동안 헤어짐과 만남을 반복했기에 우리는 꾸준히 해결책도 찾지 못했다.

남편은 "사회적 대화"의 전문가로 칭송받는 사람이었다. 서로 다른 입장의 사람들을 대화의 테이블로 이끌어 내려고 항상 노력했다. 그러나 정작 우리 부부사이의 문제는 대화로 해결하려 하지 않았다. 나의 말은 불평이나 비난으로만 생각하고 내 고통에는 귀를 닫았다. 그리고 분명한 의사 표시를 하지 않아도, 자신은 당연히 이해받을 거라 생각했다. "꼭 말을 해야 하나? 그것도 몰라? 상식적으로 판단이 안 돼?" 남편은 이미 합의된 일로 생각해 왔던 일조차 오랜 세월이 지난 후 본심이 아니었다는 식이었다.

남편은 "교육자"다. 그럼에도 남편은 "말을 한다고 상대방이 알아듣겠냐? 말을 한다고 변하겠냐?"하며 상대방의 이해력이나 개선의 의지를 무시했다.

"내가 누굴 탓하는 거 봤어?" 상대방에게 높은 기대치를 갖고 있지만, 그렇다고 강요하지는 않는다고 남편은 말했다. 그러나 나는 남편의 그 말들이 자신은 아무 노력도, 책임도, 비난도 받지 않겠다는 이기적인 태도로 보였다.

30년 결혼 생활을 거의 다 정리해 내던 어느 날, 나는 남편의 이해할 수 없는 여자관계를 우연히 알게 되었다. 내가 알던 남편은 제도와 인간을 성찰하는 것을 평생 업으로 삼으며, 도덕적이고 이성적인 말만 해온 사람이었다. 나는 남편의 처신에 큰 충격과 분노를 느꼈다. 결혼 생활 내내 남편의 거짓된 마음과 행동이 곳곳에 숨어있는 기분이었다. 그러나 나는 이번에는 글쓰기를 중단하지 않았다.

인생에 반전이라는 것도 있는 모양이었다. 내 말에 늘 귀를 닫고 화부터 내던 남편이 그때부터 지나온 자신의 행동들을 반성하기 시작했기 때문이었다. 표면상으로는 자신의 나이가 이제 60이라는 것이 이유였다. 그러나 나의 단식 투쟁이 없었다면, 남편은 여전히 자신의 고집스런 삶의 태도를 꺾지 않았을 것이다. 남편은 자신의 모든 말과 행동이 순수와 호의라고만 확신하며 살아온 사람이었기 때문이었다.

남편은 자신의 삶이 "연극을 해온 삶"이었다고 평가했다. 늘 남 앞에서 자신이 어떻게 비칠까만 생각하며, 말하고, 행동해 왔다는 것이다. 그렇게 사느라 자신도 행복하지 않았고, 가까이서 자신을 지켜본 나에게는 진정성을 의심받게 되었다고 했다. 남편은 독일 수상이었던 빌리 브란트가 죽기 전에 했다는 말을 가끔 했다. Scheissleben!(망할놈의 인생!) 빌리 브란트는 최고 권력자였으나 그의 가족사는 불행했다.

"결혼을 한다는 것은 인간의 죄과를 기록하는 천사를 가정에 들여놓는 일이다(게으른 자를 위한 변명, 민음사, p.83)." 로버트 루이스 스티븐슨의 말처럼 아마도 나의 글들은 남편의 잘못을 기록해놓은 글처럼 보일지도 모른다.

그러나 그런 남편과의 삶이 곧 내 삶이었다. 나는 남편에게 애정, 미움뿐아니라 연민도 느낀다. 제일 가까이에서 남편의 고통과 고민 그리고 약점을 보며 살아왔다. 나는 누구보다도 남편을 냉정하게 바라보고 객관적으로 평가할 수 있다. 내가 남편에 대해 오해가 있었다면, 그것은 아직도 우리 부부가 완전히 소통하지 못하고 있다는 의미일 것이다.

지나온 시간을 정리하는 이 순간에도 우리 부부의 삶은 여전히 예측할 수 없다. 늘 완벽하고 바른 삶을 꿈꿔왔지만, 영화나 소설만큼 내 삶도 내 남편도 그다지 완벽하지도 바르지도 않다는 것을 나는 알았다. 그래서 나는 예전보다 훨씬 느긋해진 마음을 갖게 되었다.

"욕심내지 않고, 각자 알아서 자기 일에 열중하고, 소소한 일상을 함께하면 됐지." 라는 안일한 생각 때문이 아니다. 서로의 고통과 고민을 나누지 않으면 진정한 대화가 아니며, '알아서 하겠지, 이 정도면 됐지.'라는 생각은 오히려 오해를 불러일으킨다는 것을 나는 알았다. 이제 와서 남편이 "패밀리 맨(니콜라스 케이지 주연, 2000년 영화)"이 되리라 나는 기대하지도 않는다. 나의 느긋함은 이제 내가 그 누구보다 남편을 더 잘 이해할 수 있게 되었기 때문일 것이다.

영광의 순간들만 같이 누리려 했다면, 우리는 지금까지 부부로 남지 못했을 것이다. 어차피 이겨내야 할 힘든 시간들이었고, 뒤돌아보면 그 시간이 우리에겐 더 소중한 순간들이었다. 더 좋은 날을 기대하기보다, 그 순간에 더 이해하며 함께 하려고 노력하지 않은 게 후회될 뿐이다.

삶이 그 순간을 모면하는 것이 아니라는 걸 알았어야 했다. 다음 기회를 기다렸지만 아이들은 이미 커서 우리 부부의 품을 벗어나는 날이 왔고, 우리는 늙고 가슴에 원망만 남게 되었다. 서로에게 함부로 했던 그 시간들조차 우리는 두 번 다시 함께 보낼 수는 없을 것이다. 그때 우리는 왜 불평하고 짜증내고 미워하기만 했을까? 왜 좋은 순간에는 좋다고 말하지 못했을까? 왜 외로운 순간 외롭다고 솔직히 말하지 못했을까? 왜 아프다고 상대가 말하는 순간 귀 기울이지 않았을까? 세상에서 가장 사랑하고, 가장 믿고, 의지하기로 한 우리가 아니었던가? 남 앞에서는 가장 지적이고 아름다운 말만하는 우리가 아니었던가? 제일 먼저 고통을 이해하려하고, 제일 먼저 기뻐하려하고, 제일 먼저 진실하게 대해야하는 게 부부라는 걸 왜 새기지 못했을까?

2016년 아이들이 생일 선물로 사준 태블릿 PC로 나는 이 글들을 다시 쓰기 시작했다. 작은 휴대폰 화면으로 유튜브 동영상을 보며 스페인어를 배우는 나를 지켜보던 아이들이 사준 선물 이었다. 엄마이지만 어른인 나의 부족함과 서툰 것들을 커가는 아이들은 늘 지나치지 않고 관심으로 채워주었다. 나는 그런 두 아이들이 결혼 생활을 지켜낸 힘이었음을 깨닫는다.

우리 부부는 어딜 가든 늘 손을 잡고 다닌다. 가까운 거리든, 먼 거리든, 오르막길이든, 내리막길이든. 가는 내내 잡은 손은 따뜻함과 안정감을 주고, 서로 다른 보폭을 맞추게 한다. 사람들은 우리 부부가 늘 손잡고 다니는 것을 신기해하면서도 부러워한다. 우리는 습관적으로 자다가도 손을 잡는다. 남편이 내 손을 잡는 방법은 좀 특이하다. 손을 마주 잡는 것이 아니라 늘 깍지를 끼어 잡는다. 깍지를 낀 손은 잡고 있기도 아프고 빼기도 힘들다. 마치 우리의 결혼 30년처럼.

30) 탕웨이 주연의 2014년 영화. 시대적 편견 속에서 사랑과 글쓰기에 대한 열정으로 외롭게 살아간 1930년대 중국소설가 샤오홍의 일대기를 그렸다.

아내의 독후감

인쇄 | 2019년 11월 11일
발행 | 2019년 11월 12일

지은이 | 윤석영
펴낸이 | 이윤구

펴낸곳 | 도서출판 메티스
주소 | 서울 관악구 신림로 90, 2층
대표전화 | (02) 737-7771~2
FAX | (02) 735-8666
출판등록 | 제320-2009-11호

ISBN 979-11-5544-139-8 03800

값 : 12,000원

*잘못 제본된 책은 바꿔드립니다.